自分の価値を最大化する

転職の成功法則

菊原 智明

Kikuhara Tomoaki

SOGO HOREI PUBLISHING CO., LTD

はじめに

本書を手に取っていただきましてありがとうございます。

あなたは「こんな時代に転職なんてうまく行くかな……」と不安に思いながら本書を手に取ったかもしれません。転職活動中の方もいれば、今の職場に満足できず将来的に転職を考えているという方もいるでしょう。どのような理由だとしても、**あなたがこの本を手にしたことはとても幸運です**。

なぜならばこの本は仮に実力がなくても（あなたはあると思いますが）、転職で成功し内定を勝ち取る方法が学べるからです。

今の時代、やみくもに転職活動をしてもうまくいきません。下手に動けば動くほど、泥沼にはまっていきます。ヘッドハンティングされるような人は別として、普通の方が準備をせず素《す》のままの自分で勝負していたのでは勝率は非常に低くなります。明確な戦略がなければ勝てないのです。

だからといってありふれた就活本を読んでも、あなたの武器にはなりません。大学時代に読んだ就活本を思い出してください。ほとんどの本に「まずは自分の棚卸《たなおろし》をする」といった文章を目にしたと思います。自分の棚卸とは過去の自分と向き合い、今までやってきたことを書き出す作業です。これが間違いだとは言いません。ただ、転職活動で今までの自分を棚卸し、ありのままの自分で勝負して勝てるのは一握りの優秀な人だけです。

- **高学歴、MBAを持っている**
- **前職で強烈な実績を上げた**
- **難しい資格や特殊なスキルを持っている**
- **すごいコネを持っている**

など、このような強者たちはありのままの自分で勝負すればいいでしょう。これだけの実績があれば、少々やり方が間違っていたとしても面接を軽々クリアしていきます。

しかし一般の人は、強者と同じやり方で勝負しても分が悪くなります。強者でなくとも、勝てる方法があります。

それはズバリ、面接官に対して〝デキる人の演技〟をして、「彼は（彼女は）なんだかやりそうだ」と思わせることです。

実際、**面接では「デキる人」ではなく「デキそうな人」が採用になります**。これは紛れもない事実です。「高学歴」「実績」「特殊なスキル」に勝るものは、これしかありません。

もしかしたらあなたは、一次面接や人事のお手伝いをした経験があるかもしれません。経験がある方はよくわかると思いますが、人を正確に判断するのは至難の業です。そう簡単に見抜けるわけではありません。あなたもご存じの通り会社にいる人事担当は、人を正確に見抜くプロではありません。たとえプロだとしてもミスを犯します。

あなたの会社の人事担当者を思い出してください。少し話をしただけで「入社して即戦力になるかどうか」を正確にジャッジできますか？

そんなすごい能力を持った人は多くないはずです。つまり、面接官に「やりそうだ」という印象を与えられれば、勝率が高くなるということです。「ものすごく簡単に」とまでは言いませんが、あなたが望む会社の内定を勝ち取ることができるのです。

ただし、デキる人の演技をして採用になるためには準備が必要です。ここで気をつけてほしいことは、「自分をどうアピールするか」だけでなく、自分以外の要素、すなわち「面接官はどういう人なのか？」や「デキる人と判断される人はどういう人なのか？」という分析をすることです。自己分析に時間を取るよりも、面接官へどう対処したらいいのかを考えたほうがより現実的です。ビジネスもスポーツも相手のことを知らなければ勝つことはできません。相手を知らずに転職活動に臨むのは、丸腰で戦場に向かうようなものです。

営業活動でも同じですが、相手の立場を考え、相手の立場に沿った行動を取らなければ、うまくは行きません。**相手を十分知った上で、相手が望むキャラクターを演じればいいのです。**

演じると聞いて「演劇部でもないのに演じることなどできないよ」と言う人もいるでしょう。難しく考える必要はありません。既にあなたは毎日いろいろなキャラクターを演じています。

例えば、お客様の前では誠実なスタッフとして振る舞っているでしょうし、家では親として、夫や妻として振る舞っています。誰でも会社にいるときと、友達といるときのキャラクターは違います。社会経験が長ければ長いほど、自然にできているのです。

強者や新卒に勝るのは、経験や演技力しかないと思っています。演技しろと言っても「学歴や経歴を詐称しろ」と言っているわけでもありませんし、「別人になれ」と言っているわけでもありません。別人格になるというのではなく、**元の自分は変えずに〝新しい自分をインストールする〟といったイメージです。**

転職成功の秘訣は「デキそうな人」を演じ、「この人はやりそうだ」という空気感を出すことです。これは転職して新しい会社に入社してからも有効な戦略です。ぜひ、この転職活動を機にマスターしてほしいと思います。

最後になぜ大学講師でコンサルタントの私が転職の本を書いたか、ということをお話しします。私は今まで70冊以上の本を執筆してきました。その中で面接や転職関係の本も何冊か書かせていただきました。

私が転職の本を書く理由は企業側（面接する側）と転職する人（面接を受ける側）の両方をよく知っているからです。また、私は大学で学生に「就活のためのビジネスマナー」

を教えています。

その一方、企業とのお付き合いから人事についても知っています。面接をする側と受ける側の両面を見てきているのです。だからこそ、両方の立場を理解し、両者のズレがよくわかるのです。**本書では、企業サイドの事情を知った立場から、効率よく面接をクリアする方法をお伝えします。**

またこの本は、最速で必要な情報を得られるように、見開き2ページ完結になっています。各章に11~13項目×8章=100項目を用意しており、どこからお読みいただいても結構です。ひとつ、2つ読んでいただくだけで、今までの転職に対する考え方がガラッと変わるでしょう。

この本を読んでいただき、「こんなすごい会社に転職できたぞ」と番狂わせを起こしてください。

第1章 初対面の人に〝デキる自分を売り込む〟

第2章　後悔しないための転職先の見極め方、選び方のコツ

第3章　過去の自分にウソをつけ！　デキる自分を演じる

第4章「相手が求めていない回答」ではなく正しく強みを伝える

第5章　戦略的に「この人は魅力がある」と思わせる方法

第6章 新しい自分をインストールする

第7章 リモート面接での魅力の伝え方

第8章 転職先での正しい振る舞い、コミュニケーション

装丁／木村　勉
本文デザイン・ＤＴＰ／横内俊彦
校正／矢島規男

第1章

初対面の人に
“デキる自分を売り込む”

1 営業活動と転職活動にはたくさんの共通点がある

「営業活動」と「転職活動」は共通点が多く、とてもよく似ています。

一般的に営業活動とは「自社の商品やサービスを売り込んでお客様に買ってもらう行為」のことを言います。

よほどレアな商品やプレミアな物であれば別ですが、普通はお客様のほうから「ぜひ売ってほしい」と言われることはありません。そんなニーズの高い商品はネットの購入ページがあれば黙っていても注文が殺到します。そもそも営業活動をする必要はありません。

通常は、お客様に商品をうまく売り込むことで購入してもらえるのです。これはそのまま転職活動に当てはまります。

転職活動は企業に対して自分を売り込む行為です。 ヘッドハンティングされるようなものすごい実績を残している人や特別な資格や才能がある人は別として、普通の人は会社から「ぜひうちの会社に来てほしい」とはなりません。

営業スタッフが工夫して商品を売り込むように、自分の価値を面接官にうまく伝える必要があります。

もしあなたが転職するとして、来週採用面接があるとします。「この経験は貴重だからアピールしよう」などと売り込む部分を探すはずです。まさに転職活動とは、自分自身を会社に売り込む場なのです。営業活動はお客様に商品のよさを伝え、買ってもらうことが目的です。転職活動では自分のよさを相手に伝え、採用してもらうことが目的です。伝えるものが違うだけで、やるべきことは共通しているのです。

新型コロナウイルス感染症が蔓延し景気が停滞する中、リストラはしても積極的に採用しようなどとは考えにくいものです。しかし、人材を必要としている会社が数多く存在していることも事実です。ポイントさえおさえれば、確実にチャンスはつかめます。今の転職では「あなたが会社にとっていかに必要な存在なのか」ということをうまく売り込めるかどうかがキーポイントになります。

2

面接では一言も発言しないうちに〝不採用〟になることも多い

以前面接の本を書くために、私が研修させていただいている会社の人事の方たちに取材したことがあります。多くの方々が面接でのポイントを教えてくれました。

このポイントの中で一番驚いたことは〝合格か不合格かは意外なところでジャッジしている〟ということです。

話を聞く前は「実績や経歴、志望動機が決め手になるのだろう」と思っていました。しかし、多くの人事担当者は**「表情が明るい、なんだか感じがいい、というパッと見の印象で決めます」**と話してくれました。そして、そういった直感で決めたほうが入社してからもいい結果につながることが多いと言うのです。

とくに一次面接では見た目の印象が大きな判断基準になっています。おもしろかったのは、面接は面接官と対面したときからではなく、会社に一歩足を踏み入れたときからスタートしているというお話です。**受付から面接室まで移動する間の表情や立ち振る舞いをしっかり見られているのです**。この事実を知っている人はあまり多くありません。

もちろん、面接会場のドアをノックして入室してから椅子に着くまでの表情、歩き方などもチェックされています。人事担当者の話によると、ドアから入ってきた時点で採用か不採用かが決まってしまうことさえあると言います。そんな中、それまで気を抜き、ほぼダメの烙印を押された状態で「よぉ〜し、これから経歴や資格をめいっぱい売り込むぞ」とアピールしても遅いのです。

一言も話をしないうちに不採用という場合もあるという事実に驚いたものの、営業活動では日常的に起こっていることです。トップ営業スタッフは出会ってから挨拶するまでの間が非常に上手です。名刺交換をする前、もしくは会話を交わす前にスイッチを入れ、意識的にデキる営業スタッフのオーラを出します。

一方、ダメ営業スタッフは会話を交わすまでの数秒に与える印象がよくありません。これでは、会話を交わす前から「この人はダメだな」と思われます。ですから、どんなに頑張って営業トークをしてもうまくはいきません。

まずは第一声までの振る舞いが勝敗を決めるということを覚えておいてください。

3 転職成功のキーポイントは〝デキる自分を演じる〟こと

トップ営業スタッフというと「説明がうまい」「応酬話法がすごい」といった印象を持つかもしれません。

もちろんそういった要素はありますが、最も重視しているのは「この人ならば安心だ」という印象を与えることです。ごく稀に何も努力をせず、天然で信頼される営業スタッフもいますが、ほとんどの人はそうではありません。結果を出している営業スタッフは〝デキる営業スタッフとして振る舞う〟ということを意識的に行っています。要するに、デキる営業スタッフの演技をすることでお客様から信頼を得ているのです。これは営業職の人であればよくわかるでしょう。意識する、しないにかかわらずお客様の前に出れば多少はデキる営業スタッフを演じているはずです。

第一印象がものすごく悪くて売れる営業スタッフは存在しません。あなたが商品を購入する立場で考えればよくわかります。目の前の営業スタッフが目を全く合わせず、自信がなさそうに「ええと……私はこういったものです……」と挨拶してきたらどうでしょう？商品説明を聞くまでもなく、買う気にならないと思います。

あなたが営業担当者を目の前にしたとき、何で判断していますか？　このとき、目の前の営業スタッフがどんな実績があるかなど全くわかりません。そうなると「なんだか安心できそうだ」という雰囲気で判断するしかないのです。

これは転職活動でも同じです。エントリーシートや履歴書である程度の経歴はわかったとしても、面接官はあなたの力を正確にジャッジできません。ですから**実力があるかどうかではなく、「デキるように見える人」が高い評価を受けます**。面接ではデキる人の演技をすることが最も効果的な手段なのです。

「このような話をすると「たいした実績もないのに自信を持てない」と思うかもしれません。自信があるフリをしているから自信がつき、だんだん変わっていきます。ニワトリが先か、卵が先かのような話ですが、普通の人はデキる人の演技をすることが最も効率的な方法なのです。演技の具体的な方法やノウハウについては第3章で詳しくご紹介しますので、楽しみにしていてください。

4

住宅営業はとくに転職活動と共通点が多い

営業活動と転職活動は共通点が数多くあります。

- **自分や商品について上手に伝える**
- **話す前に相手に好印象を与える**

などです。さらに私がやってきた住宅営業は営業職の中でも、とくに転職活動と共通点が多くあります。住宅営業は一連の流れが転職活動と非常に似ているのです。家を建てようと考えるお客様はカタログやホームページを見て、検討する会社をある程度リストアップします。一般的には5~6社選び、モデルハウスを見学したり、リモートで話を聞いたりします。売る側は、その選択肢に選ばれてはじめてお客様とお会いできるのです。

面談することはできますが、短ければ10～15分程度しか話ができません。この10分程度の時間で「この営業スタッフとは今後も付き合おう」もしくは「二度と会う必要はない」と判断されてしまうのです。

これは転職活動も同じです。お客様が検討する会社をリストアップするように、企業は多くの履歴書、エントリーシートを見て実際に面接する人を選別します。転職者は書類審査が通れば、「では○日に面接をお願いします」と連絡が届き、面接することができます。面接できるからといって安心はできません。**面接官との短時間のやり取りによって「一次はクリアだな」もしくは「この人はダメだ」と判断されるのです。**

また、ライバルが数多くいることも共通点です。ハウスメーカーだけでも何十社とあり、小さな工務店まで合わせれば何百、何千とライバルが存在しています。

転職活動も同様に、面接官にしてみれば隣に別の志望者が座っていますし、さらにはそのあとに何百人の志望者と面接しなくはいけません。少し話をして「この人はダメだ」と判断されれば次のチャンスはありません。

住宅営業と転職活動は基本的な流れはほぼ同じであり、わずかなチャンスをつかむ人が成功するのです。

5

50文字以内で自分のよさを伝える自己紹介文を用意する

私は今まで様々な会社の人事担当者にお会いしてきました。皆さん、「志望者の第一印象を重視する」と話します。これは間違いありませんが、第一印象のその先を知りたくなり、「第一印象の次はどんなところをチェックしますか?」と質問してみました。すると**「短時間で自分のことをわかりやすく伝えられる人」**と回答した方が多かったのです。

転職活動をしている人は、25歳の人もいれば50歳を過ぎたベテランの方もいらっしゃいます。中にはかなりの社会人経験があるにもかかわらず、自己紹介で何を言っているのかサッパリわからない人も少なくないと言います。

また「手短に簡単に自己紹介してください」というお願いに対して5分以上も話し続ける人もいると言うのです。5分の自己紹介は長すぎます。ルールを無視したのでは、たとえ素晴らしい経歴の持ち主であってもまず採用されないのです。

営業活動でも話がまとまらず、何を言っているかわからない人はいい結果を出しません。どんなに素晴らしい商品を扱っていたとしても、営業スタッフがわかりにくい説明をしていたのではほとんど売れなくなります。ダメ営業スタッフ時代の私は、よくお客様から「話がわかりにくい」と言われていました。一方、トップ営業スタッフというのは例外なく説明がシンプルでわかりやすいのです。とくに自分のことを伝えるのが上手です。

知人のトップ営業スタッフは、出会ってすぐに「私は6年間ほど現場監督をしています。普通の営業スタッフより現場の細かいことを知っています」と手短に自分の長所を伝えます。これを聞いたお客様は「現場監督をしている人ならよく知っているでしょうし、安心だわ」と好印象を持ちます。

50文字以内で自分のことを明確に伝え、「この人なら相談に乗ってもらえそう」とお客様の心をつかむのです。相手の心をつかめれば、お客様は何倍も話を聞いてくれるようになります。

あなたは短時間で明確に自己紹介することができるでしょうか？

まずは50字程度であなたの売りを伝える文章を考えてみてください。

6 友人、上司に伝わらないことは面接官にも伝わらない

何をやっても結果が出ない暗黒時代のときのことです。私は仕事でかなりのストレスを抱えていました。営業成績は入社当時よりはるかに落ち込み、その上たくさんのクレームが発生していました。当時、転職も考えましたが、そんな勇気はなく、そのストレスを〝友人に愚痴る〟といった形で解消していました。私が仕事や上司の愚痴を友人に話すと「何の話だかわからない」と言われたものです。お客様に商品説明するときと同じです。気持ちの高ぶりに任せて、話をしても相手には伝わりません。話を聞くために会ってくれた友人にすら伝わらないのですから、誰にも伝わらないのも当然のことです。

よく「上司が理解してくれない」と愚痴る人がいます。その上司が不親切なのかもしれませんが、その前に自分の話がわかりやすいかどうかチェックすることも必要です。悪いのは上司ではなく、自分の伝え方が悪いのかもしれないと疑ってほしいのです。デキる人

は上司に対しても理解してもらえる工夫をしています。例えば、上司に企画書を出すとします。そのとき、ダラダラと伝わりづらい説明はしません。次のような相手がすぐに理解できる工夫をしています。

①企画書のタイトルで興味を持ってもらう
②まずは1分で概略を説明する
③問題点と解決策をハッキリさせておく

上司も短時間で理解できたほうがいいに決まっています。現在、会社に勤めている場合、上司への企画提案や報告に関して、短時間で正確に伝えられる工夫をしてみましょう。これは転職するにあたり、とても効率のいいトレーニングになります。目の前の相手に対して、**3つのポイントをおさえることで転職先の面接官に対してもわかりやすく伝えられるようになります。**会社にお勤めの人は今日から実践してほしいですし、そうでない人は身近な人でトレーニングしても構いません。身近な人に話をして「あなたの話はよくわからない」と言われているうちは、転職活動もかなり厳しいと考えてほしいのです。

7

手ごたえがあったときほど結果が出ないわけ

自分だけ盛り上がって、ほかの人はシラケている。これはダメ営業スタッフの商談の場面でよく起こることです。しかも、本人はその勘違いに気がつきません。

過去の私もよく経験したのですが、「今日の商談は最高の出来だ」と思ったときほど、結果が悪かったものでした。逆にこちらのペースで話が進められず、お客様に振り回され、不満足に感じたときのほうが結果はよかったりしたのです。

実例を紹介します。

30代のおとなしい雰囲気のお客様と商談していたときのことです。私は提案書をもとに1時間程度のプレゼンテーションをしました。お客様から「提案はこれで大丈夫です」と承諾を得たため、最終的な見積書を提出することになりました。さらに1時間ほど見積書の説明をさせていただきました。お客様は「うんうん」とうなずきながら話をよく聞いてくれます。説明の流れや内容も完璧です。自分でも惚《ほ》れ惚《ぼ》れするほどの出来でした。「これは100％うまく行ったぞ」と手ごたえを感じていたのです。商談後、嬉《うれ》しさ余って後輩に「これで決まらなかったら営業を辞めたほうがいい」と自信満々に言っていたのです。

翌日、お客様から「申し訳ありませんが、他社で決めました」という残念な電話が入りました。昨日、大口をたたいたこともあり、バツが悪かったことを今でも覚えています。こういった悲劇が起こってしまう理由は、自分が話すことに集中するあまり相手のことが見えておらず、独りよがりになっているからです。

これは面接でも言えます。こちらの言いたいことをすべて伝え、「よしっ！　今日の面接は完璧だ」と満足したとします。しかし、面接官はそうは思っておらず「自分勝手に話す空気の読めない人だ」と思っていたりするのです。

手ごたえがあっても一次面接をパスできないのは、アピールが自己満足で終わっており、相手にはほぼ伝わっていないからなのです。

8

キャラクターが相手のニーズに合っていないのでは？ と疑ってみる

手ごたえがあったときにかぎって失敗に終わってしまうのは、アピールに夢中になり相手が見えなくなってしまうからです。

もうひとつ、大切な要素があります。それは、**演じているキャラクターが相手のニーズにマッチしていない場合、どんなに頑張ってもうまくはいかない**ということです。

営業で言えば〝自分がいいと思っている営業スタッフ像〟と〝お客様が必要としている営業スタッフ像〟がズレているということです。お客様は勝手に説明して自己満足する営業スタッフを嫌います。私はその間違いに気がつくまで、ずいぶんと無駄な時間を費《つい》やしてしまいました。

お客様は勝手に説明する営業スタッフではなく、悩みをよく聞いてくれる人を求めています。ですからこちらのペースで話ができず、「今日はお客様の話を聞き過ぎて、商談が進まなかったな」と思ったときのほうがいい結果につながったりするのです。

私自身も何度も経験しました。いい調子で説明しているとき、なぜか話がそれてしまい〝お客様の身の上話〟をさんざん聞かされたこともありました。こういったお客様には次回のアポイントが取れたりします。たとえ商談とは関係ない話だとしても、お客様が話してくれたこと自体がコミュニケーションを取れている証拠だったのです。

これは転職活動でも同じことが言えます。例えば、一次面接で「どうしたんだろう？今日は次々にアピールしたい言葉が口から出てくるぞ。絶好調だ」と感じるときがあるかもしれません。面接も数をこなしていけばこういった、ゾーン的な時間が訪れます。これは間違ったゾーンですが……。こんなときこそ、冷静に少し離れた視点で自分を見てほしいのです。

大手企業の人事部の部長が「話はうまくても、話し続ける人はダメですね。そういった人は即不採用にします」と言っていたことを思い出します。

企業は勝手に自己アピールをしてくる人材ではなく、相手の話をよく聞けるコミュニケーション能力の高い人を求めています。自分ではなく、相手が必要としている人材をよく知るようにしましょう。

9

ライバルを意識するのではなく、いかに会社に貢献できるかを伝える

相手が求めていないキャラクターを演じたり、いらぬ情報を提供し続けたりしているようでは相手にいい印象は与えられません。どんなにすごい実績があったとしても、採用とはならないでしょう。

以前、知人の人事部長が**「ライバルを意識してアピールしてくるタイプは一番敬遠する」**と話していたことがあります。例えば、グループ面接のときにひとりが「A社で3年間ほどシステムエンジニアをしておりました」と発言したとします。

そこへ、ここぞとばかりにいきり立ち「私はA社より何倍も大きいB社で5年エンジニアをしておりました！」とアピールする人がいるとします。こうした人は残念ながら、採用されません。本人は「よし！　これで隣の人より有利になっただろう」とほくそ笑んでいるかもしれません。しかし、人事担当者は「この人は周りの人とうまくやっていけそう

もない、ダメだな」と判断しているのです。これでは、せっかくの長所が短所に変わってしまいます。

私にもこのような経験があります。

ある会社の就職試験で〝5人組になり、100万円の予算を取り合うワーク〟というものがありました。そこで私はほかの4人を圧倒し、40万円の予算を確保したのです。5人で100万円ということは、ひとり平均20万円ということになります。平均の2倍も予算を取ったのですから、間違いなく合格になると思っていました。

ところが、後日届いたのは不合格通知です。そのときは「この会社の人事の人はおかしい」と腹を立てていましたが、今になって考えると落ちた理由がよくわかります。

普段のコミュニケーションでも、その場の話題を自分のものにしようとガンガン割り込んでくる人がいます。そうした人は総じて無視されるように、面接でもうまく行きません。

会社が必要としているのはコミュニケーション能力が高い人であり、その会社に貢献できる人です。会社に入ってからどう貢献できるかが重要であって、他人と比較して勝っても意味はありません。

10 結果を出す人はマニュアルトークなどしていない

営業の新人研修では、必ずマニュアルトークを教えられます。私も講師から「このトークさえマスターすれば新人でも売れる」と教え込まれ、必死に覚えました。その後、マニュアルトークを元に実際のお客様に臨みます。最初はたどたどしかったものの、意外にうまく話が進みます。マニュアルトークのすごさを実感していました。

ところがトークがうまくなるにつれて、お客様からの断りが多くなっていきます。「以前よりうまく説明できるようになったのに、どうしてだろう」と悩んでいました。

そんなある日のこと、トップ営業スタッフのトークを聞く機会がありました。「どんな話をするんだろう？」と楽しみにしていたのですが、実際は趣味や雑談ばかりで全く商品の話をしていません。マニュアルトークなど一切していないのにもかかわらず、お客様といい関係を構築し、悩みや要望をしっかりと聞き取っていたのです。そのとき、この営業スタッフはどうしてマニュアルトークをしていなかったのでしょうか？
トップ営業スタッフは

- **お客様に何を伝えたら役に立つのか**
- **どんなテーマで話をすれば喜ぶのか**
- **どんなことを聞かれたいか**

ということに重点を置いています。だからマニュアルとは違う内容になったのです。

これは面接でも同様です。面接必勝マニュアルを読み込んで、マニュアルトークを完全にマスターしたとします。それで勝負して勝てるでしょうか？ 面接官は毎日同じようなことを聞かされます。知人の人事担当の方は志望者の「私は○○のプロジェクトでサブリーダーをやってきまして、リーダーシップがあって周りからも信頼される人物です」といったくだりで「あぁ、またサブリーダーか」とうんざりするとよく話しています。

まずは、**相手の立場になって考えることが重要です。**それをふまえた上でマニュアル的な内容ではなく、自分の言葉で勝負してください。

11

社会人経験を活かした一言で新卒に差をつける

先ほどの項目でマニュアルについてお話ししましたが、すべてのマニュアルを否定しているわけではありません。ただ、それをそのまま鵜呑《うの》みにしてほしくないのです。

そもそもマニュアルとは不特定多数の人に向けて作られたもので、誰にでも当てはまるわけではありません。またマニュアルに頼り過ぎると自分の個性が消され、その他大勢感を出してしまいます。これが、マニュアルトークのデメリットです。これでは、せっかくの社会人経験が活きません。

私が営業活動で苦戦していたとき、マニュアルトークに頼り過ぎていたため経験を全く活かせていませんでした。

その後、お客様と会ったときに、まず「このお客様は何を求めているのだろう？」と考えられるようになりました。こういったことは数をこなすことで感じ取れるようになってきます。具体的な説明が必要ないと感じたときは、余計なトークは一切やめ、少し距離を置くように接客します。

また、警戒しているお客様に対して「展示場に来ると営業が近くにいてゆっくり見学できない、というお客様も多いのですが、いかがでしょうか？」と声をかけます。私がどうしたいかではなく、お客様がどうしてもらいたいのかを考えるようになったところ、接客が何倍もうまく行くようになったのです。

マニュアルトークで個性を消してしまうのではなく〝相手が何を求めているかを考える〟といった点は転職活動において非常に大切です。

まずは面接官の日常を想像してみてください。**面接官は、志望者の同じようなエピソードに聞き飽きているのです。**そう考えれば「毎日のように同じような話を聞かされて、大変ですよね」といったねぎらいの言葉を言えたりします。これは社会人経験のない大学生には言えない一言です。こういった一言を聞いた面接官は「この人は気遣いができそうだ」といった印象を持つようになるのです。

社会人経験者ならではの気遣いができることが、転職者の最大のメリットになります。

12 話が上手で度胸満点な人も内心はビビっている

私のコンサルタント仲間には人前に出ても堂々としており、人を引きつける話ができる方がたくさんいらっしゃいます。こういった方たちは突然、指名されても動じません。笑顔でゆっくりと登場し、「では、指名されましたので簡単に……」と落ち着いて話し出します。軽く笑いも取り、最高のスピーチをするのです。

私はこういったことがかなり苦手でしたし、今でも得意ではありません。だからこそ、〝訪問しないで売る方法〟というスキルを磨き、コンテンツを提供しているのです。だからといって、ずっと話が苦手なままでいいとは思っていません。人前で堂々と話し、しかも聴衆の心をつかんでいく。そういった姿を見て、いつかはそうなりたいと強く思います。

少し前まで、こういった人たちは「生まれ持った心臓の強さがあるんだろう」と勝手に思っていました。

あるとき、話のうまい方から「今でも内心はドキドキなんですよ」という話を聞いてちょっと考えが変わります。

こういった度胸満点な人も、実はビビっているのです。ただ、**〝堂々と振る舞う演技〟をすることで、はたから「どんなことでも動じないすごい人」と思われている**のです。その事実を知ったとき、ずいぶん勇気づけられました。

面接で発言するのは緊張するものです。それはあなただけではありません。隣で堂々と発言している人を見て「あぁ、私もあんな風にできればなぁ」と羨望《せんぼう》のまなざしで見るかもしれません。しかし、そういった人たちも内心ビビっているのです。

そう考えると気持ちが楽になります。

堂々とした態度で面接に臨んで〝内定〟という勝利を勝ち取りましょう。

第2章

後悔しないための転職先の見極め方、選び方のコツ

13 ホームページではなくネット上の口コミをチェックする

転職を考えたとき、最も手軽に行えるのがネットでのリサーチです。今は本当に便利な時代で、スマートフォンがあればほとんどの情報が手に入ります。いつでも誰でも情報発信できるため、会社で嫌な思いをすれば「この会社のやり方はおかしい」とすぐに書き込まれてしまいます。こういったリアルな情報も会社を選ぶ判断材料のひとつになるのです。

先日、知人の人事部長が「退職者が悪い口コミを書いて困る」と嘆いていました。辞めた人にも問題があると思いますが、こういった情報は参考になります。**会社が作り込んだホームページではなく、自由に書き込みができる口コミサイトを読むのがいい**と思います。まずはここからリサーチしてみてはいかがでしょうか?

今は情報が広まるのが早いことはわかっていましたが、それを実感したことがあります。

研修をさせていただいた会社でのことです。長年お客様重視で経営していたところ、外部のコンサルタントが入るようになり、〝1カ月ですべてのお客様の結論を出す〟という方針で行うことになりました。ある程度、検討が進んでいるお客様は別として、2～3年先で考えている人に対して〝1カ月で決めろ〟というのは、ちょっと強引過ぎます。長期で検討しているお客様に強引に行けば「この会社だけは絶対にやめよう」と断られるばかりか、悪い口コミも広がるのです。

その方針に変えてから1カ月もしないうちに、〝やり方が強引、営業スタッフがしつこい〟などという書き込みがたくさん掲載されるようになりました。信頼を構築するのには時間がかかりますが、失うのは一瞬です。一気に売上が落ち込んだのです。

「会社名＋評判」と検索すればすぐに情報が手に入ります。商売をするほうはやりにくくなりましたが、消費者にとってはいい時代です。

転職をする際、まずは会社のホームページを見るでしょう。しかし、ホームページではリアルな情報は出てきません。雰囲気を知ることはできても、真実を知ることはできないのです。転職活動のファーストステップとして、まずは口コミを調べてみてください。

14 他人の「気をつけたほうがいい」は話半分で聞く

ネットで検索すれば、その場で情報が手に入りますから手軽で便利です。転職活動の第一歩としてはベストな方法です。〝ネットでリサーチする〟といった行動は小さいながらもはじめの一歩を踏み出したことになります。一歩でも前に進むのか、それとも考えただけで終わるのかは大きな違いになります。たとえ興味のある会社を検索しただけでも、価値はあるのです。

だからといって、ネットで出てくるすべての情報を鵜呑みにしてはいけません。**口コミはホームページと比較すれば、リアルな情報です。しかし、それはあくまでも他人の色眼鏡で見た情報です**。知らない人の「この会社は気をつけたほうがいい」といった書き込みは、話半分で見ておくくらいでちょうどいいのです。

人間関係も同じですが、「あの人には気をつけたほうがいい」と言われている人に実際に会ってみたらそんなに嫌ではなかった、といった経験があると思います。

私も入社したての頃、先輩からスタッフAさんについて「あの人は変人だから気をつけたほうがいい」と聞かされていました。そんなある日、スタッフAさんが担当になりました。先輩から「うわぁ～かわいそうに。ご愁傷様」と脅されたのです。かなりビビっていたのですが、Aさんは先輩から聞いていた話とは全く違い、すごくいい人だったのです。

また、少し前にもとある出版社の編集長から担当者について「奴は変人で偏屈ですから、ご迷惑をかけると思います」と言われたことがありました。実際は仕事も早いですし、非常に有能な編集者だったのです。

人からの「あの人はこういう人だから」といううわさは時として全く違うことがあるように、ネットでの「この会社は最悪だからやめたほうがいい」といった情報は間違っていることもあるのです。もちろんよい情報も同様です。「この会社は最高」といった情報も何らかの形で操作されていることもあります。**ネガティブな情報もポジティブな情報も判断材料のひとつと考え、話半分くらいにとらえておきましょう。**

15

お客様のフリをして電話すればその会社がわかる

転職先の候補をネットで検索し、ある程度選択肢を絞ったあとはその会社へのアプローチになります。可能であれば直接連絡して、担当者へ話を聞きに行くのでもいいですし、コネを利用して社員を紹介してもらい、現場の話を聞くのでもいいです。

ただ、現時点で働いているのでしたらそんな時間もありませんし、まだちょっと迷っているという場合もあるでしょう。そんなときにいい方法があります。

その方法とは〝お客様のフリをして電話をする〟ということです。一本の電話でその会社の本当の姿が少し見えてくるのです。

私が研修でお世話になっているリフォーム会社の社長Mさんから教えていただいた方法なのですが、ライバル社に「キッチンの収納を増やそうと思っていまして」とお客様のフリをして電話します。そこでの対応をチェックするのです。たいていは受付の女性が出て

「あとで営業の者から連絡させます」と連絡先を聞いてきます。ただ、時々「今どんなことにお悩みですか？　私でよければご相談ください」と言ってくる会社もあります。こういった対応をしている会社は業績がよく、今後強力なライバルになっていきます。しかし、感じの悪い対応ややる気のない対応をする会社もあります。こういった会社は既に業績が落ち込んでいるでしょうし、近い将来姿を消します。

転職したいと思っている会社にお客様のフリをして問い合わせの電話をかけてみてください。何かを販売している会社なら「おたくの商品を検討したいと思いまして」とどこかの営業所に電話をすればいいのです。教育が行き届いている会社は誰が出ても気持ちのいい対応をしてくれます。

感じの悪い対応をするのは論外ですが、「今、担当者がいないのでわかりません」といった対応も好ましくありません。わざわざ問い合わせしてくれるお客様を逃す会社に未来はありません。こういった会社はやめておくべきでしょう。

電話対応がいい会社は教育も行き届いており、今後成長していく見込みがあります。見極めのセカンドステップとしてお客様として電話をしてみてください。

16 学生が〝よい会社か悪い会社か〟を見極める判断基準

私が勤めている大学の就活生と話をしたときのことです。

学生は就活でいろいろな会社を検討しています。ここ最近はリモートの場合が多く、1日に5～6件の面接が可能だと言います。実際に訪問したのであれば1日に1、2件が限度です。リモートの面接については7章で詳しくお話ししますが、リモートになると今まで以上に数多くの担当者と出会うことになります。

そこで、私は数人の学生に「どうやっていい会社かどうか判断しているの？」と質問してみました。すると「伸びている会社、一流の会社の担当者はいい人が多いです」と答えてくれたのです。学生も会う回数が増えるたびに目が肥えてくるのです。さらには会社を絞る際の判断基準のひとつとして**「人事の人柄がよく、しかも話が聞けるかどうか」**と話していました。その話を聞いて「若いのによくわかっている！」と唸《うな》ってしまいました。

〝相手の話をしっかり聞く〟

これはコミュニケーションの基本中の基本です。こういった基本を守れていない人が人事担当の場合、その会社の未来は非常に怪しくなります。いい人材を採用できなければ、会社は衰退するからです。学生によると、ある会社の担当者はZoom面談の8割の時間を「オレが若い頃は、そんな便利なツールはなくて大変だったんだ」と昔の苦労話をしたと言います。その人事担当者の対応で「この会社はやめておこう」と思ったというのです。

私は大学で〝営業コミュニケーション〟という授業を担当しています。この授業の中でヒアリングの重要性についてくり返し伝えています。それを学生たちが就活の見極めに使っている事実を知って嬉しく思いました。営業活動では、望んでいない商品説明を勝手にする人より、お客様の話をしっかりと聞く人が結果を出します。

これは転職活動でも同じことです。

リアルでもリモートでも面談時に話を聞いてくれない担当者が出てくるのであれば、その会社は遠慮したほうがいいのかもしれませんね。

17
一歩も二歩も深掘りするための トップ営業スタッフのヒアリング方法

会社の本当の姿を知るには、いろいろな角度からヒアリングして深く聞き込むといったスキルが必要です。効果的に質問をすることで、本当の姿を垣間見ることができるようになります。人事担当者によってはパターン化した説明や回答はうまいものの、少し別の角度から質問しただけで急におかしな雰囲気になることもあります。こういった変化を見逃さないようにするのです。

では、どのようにヒアリングすればよいのでしょうか?

ここでトップ営業スタッフのヒアリング方法をご紹介します。

トップ営業スタッフのヒアリングは、〝普通の営業スタッフの3～5倍〟は深く聞き込む意識を持っています。基本的には「5W1H」を使って深掘りしていきます。

５Ｗ１Ｈとは「Who（誰が）、When（いつ）、Where（どこで）、What（何を）、Why（なぜ）、How（どのように）」を指し示す言葉です。その中でも**一番重視するのは Why です**。お客様に対して「なぜ、この商品を買おうと思ったのですか？」といった購買動機はとくに深掘りしていきます。これはほかの営業スタッフと比較して大きな差があります。

例えば、家づくりのヒアリングをする際、普通の営業スタッフは「どんな広さのリビングがご希望ですか？」といった聞き方をします。トップ営業スタッフはこういった質問もした上で、さらに「なぜ14畳必要なのでしょうか？」と深掘りしていきます。こういった質問をくり返し、一歩も二歩も深くヒアリングしていきます。その結果、本当は14畳ではなく〝しっかり収納をつけた10畳のほうがいい〟といった本当の要望を引き出していきます。真の要望を聞き取るからこそ、他社との提案に差がつけられるのです。

面接では給料や休みだけではなく、「会社の仲間で休日を一緒に過ごす機会はどの程度ありますか？」などと別の角度から質問するようにしましょう。変化球的な質問をしたとき、「なんだかおかしい」と感じ取れるようになります。様々な角度からの質問を準備して面接に臨んでください。

18

中途採用の募集理由をじっくり聞き込む

面接担当の方とお会いしたら、必ず聞いてほしいことがあります。

それは「なぜ中途採用の募集をしているのか？」という理由です。「事業拡大にあたって」といった表面的な理由ではなく、**裏の理由がハッキリと見えてくるまで聞き込むのです**。このヒアリングが、いい会社を見極める大きなポイントになります。

トップ営業スタッフは質問からお客様の裏の顔を探り出します。生命保険のトップ営業スタッフとお会いしたときのことです。この方は20年間、結果を出し続けているすごい人です。この方が「話をじっくり聞いていると裏の顔が見えてくる」といった話をしてくれました。基本的にお客様は「まあ、うちの家族関係はうまく行っているほうです」といった体裁のいいことを話します。しかし、話を聞き込んでいくうちに〝別の一面〟が見えてきたりします。つじつまが合わない部分が出てくるのです。こういったお客様は、夫婦でちゃんと話をしていなかったり、子どもと向き合っていなかったりと、隠れた問題が出てきます。このような部分まで聞き出すことで、他社とは違った提案ができるのです。

あなたにも仕事相手と話をしていて、「あれ、ちょっと変だな」と感じた経験があると思います。それはまだ裏の情報を引き出せていないのです。こういった部分を解決せずに進んでしまうと、あとで必ず痛い目にあいます。

面接では、求人している理由を深く聞き込んでください。お客様へのヒアリングと同じように、**本当の理由を聞き出せないと必ず後悔することになります**。深く聞き込んだ上で、「業務拡大」「業績好調」「組織体制強化」といったものでしたら問題ありません。

話をしているうちに「実は辞める人が多くて……」と裏の事情が見えることもありますし、「これは何か隠しているな」と感じ取るだけでも収穫アリです。

面接では〝なぜ採用しているか〟を深く聞き取るようにしましょう。

19

10〜20分話をして「来週から来てください」は危険

学生時代に就職活動をしていたときは一次面接、二次面接、最終面接と最低でも3段階クリアしなくてはなりませんでした。会社によっては一次面接の前に筆記試験があり、足切りを食らったこともあります。筆記試験から最終面接まで1カ月以上かけて、やっとのことで内定をもらいます。**1カ月以上と言うと長いようですが、「この人材を当社の戦力として迎えよう」と真剣に考えている会社はこのくらい慎重に人を選ぶものです。**

私がいたハウスメーカーは横展開も多く、似たような業界から転職してくる人も多くいらっしゃいます。新卒よりは時間をかけませんが、最低でも一次面接、最終面接と2回は行っていたものです。

ある外資系証券会社の支社では、毎月営業スタッフを60人採用しています。私はその会社で、入社してきた人たちに対して研修を行う講師を担当していました。毎月３回の研修がありました。

あるとき、人事担当の方に「毎月60人も採用すると人が増えすぎませんか？」と質問したことがあります。すると担当者は当然のように「あぁ、毎月同じくらいの営業が辞めるからちょうどいいですよ」と答えたのです。また、人事部の人が「１時間で３人採用しなくてはならない」といった話をしていました。月に60人を採用するのですから、そのくらいのスピード感が必要になってきます。ということは〝ひとり10～20分〟で採用か不採用かを決めなくてはならない計算です。これはどんなに人を見極める目を持った人でも、粗い採用になってしまいます。こういった会社では「新入社員は稚魚のようなもの。一匹でも成魚になれば儲けもの」といった考え方をしています。

こういった会社に入って生き残るのは、非常に難しいものです。相当な根性がある人以外はやめたほうが無難です。

〝10～20分で採用〟というのは大げさだとしても、それに近い会社は「この会社に入ったら大変なことになるのでは」と疑うようにしましょう。

20 会社で一番結果を出している人を紹介してもらう

転職活動では基本的に人事担当者が窓口となり、様々なやり取りをすることになります。まずはその人たちの見た目、話し方をチェックしてみてください。

- ビジネスマナーができていない
- 気力がない
- 目が死んでいる

こういった傾向がみられた場合、注意が必要です。危険信号ではありますが、もしかしたら〝人事担当者だけがやる気がない〟といったケースもあります。たまたま人事担当になったり、左遷されて不本意ながらも人事部長をやっていたりする可能性がないわけではありません。

そこでやっていただきたいことがあります。人事担当の方に**「会社で一番結果を出している人と話をさせてください」とお願いしてみるのです。**トップの人を見れば、その会社のいい部分が見えてきます。

私は今まで、数多くの会社で営業研修をさせていただきました。営業研修をしていると、研修会場の座る場所でだいたいの成績がわかります。結果を出している人、やる気のある人は〝一番前か二番目〟くらいに座ります。そして、あまり積極的でない人は後ろのほうに座るのです。私は両方の人たちと話をしますが、「これが本当に同じ会社で働いている人なのか？」と疑問に思うほど大きな差があるのです。同じ会社でも、トップの人と最下位の人では天と地ほどの差があります。

ぜひ、トップの人から話を聞いてください。ただし、トップの人は仕事が忙しく、時間が取れない場合もあります。そのときはナンバー2でもいいですし、トップの方の近くで仕事をしている人でも構いません。

ただし、くれぐれも暇で愚痴っぽい社員は避けてください。**結果を出している人に会えれば、仮に不採用になったとしても〝考え方、スタンス〟などを学べます。**

21 不採用になったら理由をしっかりヒアリングする

転職には縁やタイミングの要素が大きく、実力があったとしても不採用になることがあります。その際、不採用になった理由をしっかりとヒアリングしてほしいです。もしかしたら、ちょっとした勘違いで落とされていたことに気がつき、復活して採用になることもあるのです。

営業活動では「断られたときが勝負」といった言葉があります。断られてからもしつこくつきまとえ、というわけではなく、しっかりと理由をヒアリングするのです。

あるお客様と商談をしていたときのことです。順調に話は進んでいたこともあり、「80%は契約になるだろう」と思っていました。

しかし、お客様から「今回はD社にすることにしました」と連絡が入ったのです。いただいた電話では、理由を少し聞いて諦めました。

しかし、翌日になってどうしても納得がいかず、断られた理由をじっくり聞きたくなったのです。その数日後、お会いして理由をうかがうと、ライバル社の間取りを出して「この間取りにすると、菊原さんのところではコストパフォーマンスが悪くなる」と言われました。確かにちょっと複雑な形状でしたが、コストパフォーマンスが悪くなるとは思えません。ダメもとで「この提案と同じ条件でできたらどうでしょうか？」と提案しました。承諾を得たため、後日変更したものを提示し、契約をいただいたのです。

断られた理由をきちんとヒアリングせず諦めていたら、逆転は起こりませんでした。

不採用通知はメールで「今回の採用は見送らせていただきます」といったテンプレート的な文章が届くものです。そこで諦めずに、不採用になった理由をしっかりと聞いてください。もしかしたら、何かの勘違いで不採用になったかもしれません。それが解消され、逆転で採用になることもあるのです。

もし、結果が変わらなかったとしても、必ず今後の自分のためになります。**その点を改善すれば、次に内定をもらえる確率は確実に上がります**。不採用になった理由をしっかり聞くようにしましょう。これは絶対に行ったほうが得です。

22 窓際になったら学んで自分をバージョンアップさせる

付き合いのある営業スタッフとお会いすると、「最近はお客様が動かないので、契約数が伸びません」という話になります。コロナ禍で自粛傾向になり、なかなかお客様が行動しないのです。業種によっては、売上が前年比30％や50％ダウンという会社もあります。

コロナで一番怖いのは〝経済の動きが悪くなる〟ということです。なかなか思うように契約が取れなくなりますし、仕事も減っていきます。40、50代の方は給料が高い分、恰好《かっこう》のリストラ対象になります。リストラにならなかったとしても、窓際に飛ばされ雑用のような仕事をさせられている人も少なくないのです。

こういったときはやることをやったら、**「これはスキルアップの期間だ」**と割り切ってみてはいかがでしょうか？

好景気は仕事が多く忙しいため、スキルアップをしている暇がありません。営業スタッフでしたら「1件でも商談をしたほうがいい」と思うでしょうし、事務職の方は「山積みの仕事をひとつでも減らしたい」と思うことでしょう。経済が動かない今こそ、勉強やスキルアップのチャンスなのです。どんなことでも構いません。

- **商品知識を完璧にする**
- **話し方の勉強をする**
- **コミュニケーションについて学ぶ**

など、こういったスキルを学んでおいて損はありません。ひっそりとひとりでスキルアップするのもいいですが、それではなかなか長続きはしないものです。私のおすすめは**SNSで「最近はこんな勉強をしています」と発信することです**。不特定多数の方に見てもらうことでモチベーションが上がります。それだけでもメリットがありますが、もしかしたらどこかの会社の人事の人が見ていることだってあり得ます。

停滞期は勉強、スキルアップのチャンスです。ぜひ、この時期に今までできなかったことを学んで自分をバージョンアップさせてください。

23

ドリームキラーが現れたら「チャンスだ」と思う

世に中には〝ドリームキラー〟と呼ばれている人たちがいます。ドリームキラーとは直訳すると「夢を壊す人、殺す人」といった意味になります。何かにチャレンジしようとしているところに「それは難しい。やめたほうがいいよ」と言ってくる人です。あなたのまわりにも、ひとりや2人はいると思います。

例えば、仲間や先輩に「新しい場所で勝負したい」と話をしたとします。そんなときは得てして「絶対失敗するに決まっている」といったネガティブな意見を言われるものです。そういったことを言われるとムカッときたりします。

中には「君のために言っているんだ」などと親切心から言ってくる人もいます。そういった言葉に思わず決意が揺らいだりします。**どんなに耳障りのいい言葉だったとしても、ネガティブな意見を言ってくる人はドリームキラーです。**ドリームキラーからの言葉にムカッときたり、決意を揺らがされたりする必要はありません。

もし、転職話をしたときにドリームキラーが現れたら「これはチャンスなんだ」と前向きにとらえてください。

今の居場所に満足できなかったとします。できることなら誰だって満足できない現状から飛び出し、新しい世界に挑戦したいと思うものです。

ただし、それは簡単ではありません。失敗したら今の立場も失うのですから。人には〝現状維持機能〟というものが備わっており、新しい世界へ向かうことをストップさせてしまうのです。あなたのチャレンジを知ったその人は「あいつに先を越されてしまう」と焦り出します。

意識できる顕在意識ではなく、無意識の潜在意識が知らず知らずのうちに反応してしまっていることもあります。

とにかく**相手はあなたのチャレンジ精神にビビっているのです**。ドリームキラーが現れるということは、チャンスです。反対意見に惑わされず、自分の進みたい道を歩んでください。

24 強制的にコンフォートゾーンから抜け出す

たいていの人は新しい挑戦をしたいと思いながらも〝コンフォートゾーンにとどまる〟といった行為に甘んじてしまいます。コンフォートゾーンとは、簡単に言えば〝快適な空間〟ということです。多少不満はあるものの〝危険性がない〟といった安定した精神状態でいられる空間は心地よいものです。ただし、この中にずっといたのでは成長できません。

コロナ禍が原因で、新しい人との出会いやコミュニケーションが希薄になってきています。リモートでの仕事やステイホームは退屈な面もありますが、人付き合いのストレスが軽減された分、意外に快適だったりします。

しかし、実はこれが非常に危険なのです。

転職するにしても「今は動くときではない」と結論を先送りにする人が多くなっています。「今すぐ転職したほうがいい」とは言いませんが、可能な限り〝コンフォートゾーンから抜け出す〞ことは必要です。まずは手軽なことからはじめてみましょう。

- **知らないお店でランチをする**
- **やったことのない行為をする**
- **何かの集まりに参加する**

など、できることからでいいのです。

本を読んでいると〝強い種族はほかの血を入れる〞といった内容を目にします。ビジネスでは、〝全く違う種類の人の考えを取り入れる〞といったところです。

今、仕事はうまく行っていますか？

「これ以上はないよ」と言うのなら、このままで十分です。

しかし、現状に対して伸び悩みを感じているのでしたら、**コンフォートゾーンの外に出てほかの血を入れるようにしましょう。**転職活動をしてもしなくても、とにかく自分のゾーンから強制的に出る努力をし続けるのです。

どんな時代も成長する人だけが生き残っていくものです。

25

リストラされたら「目が覚めた！」と前向きにとらえる

私の友人の話です。新型コロナウイルス感染症の影響で、勤務先の工場が閉鎖されることになりました。友人に全く落ち度はありませんでしたが、結果的にリストラされてしまったのです。彼は今まで「仕事がつまらない」「給料が安い」「もっといい仕事があるんじゃないか」とよく愚痴っていました。

しかし、職をなくしてはじめて「行く場所がある」「毎月、給料がもらえる」「職場に仲間がいる」といったことに感謝したというのです。

アラフィフ（50代前後）ということで苦労したようですが、それからしばらくして新しい職に就きました。そこで彼は、感謝しながら仕事をしています。今は「リストラになってよかったよ。どんな仕事でも感謝できるようになったから」と嬉しそうに話しています。

もし今回のことがなかったら、「あぁ、今日も仕事かぁ。ダルいなぁ」と思いながら一生を過ごすことになったと思います。

リストラは短期的に見れば、最悪の出来事です。しかし、これが友人にとって〝人生最大の気づき〟になったのです。今の時代、どんなことが起こってもおかしくありません。

- **突然のリストラ**
- **定年前に子会社に異動**
- **会社の倒産**

など、就職活動をしたくなくても、やるしかない状況になることもあります。こんなときこそプラス思考です。どんな悲惨なことであっても、**長い目で見ればいい気づきになり得るものです。**

リストラされたら、「これで目が覚めた！」と前向きにとらえて頑張る。

そう考えれば怖いものは少なくなっていきます。

第3章

過去の自分にウソをつけ！
デキる自分を演じる

26 転職活動でジャイアントキリングを起こせ

転職活動では、時に誰もが驚くような番狂わせが起こります。スポーツの世界で、弱小チームが強豪チームに勝つという〝ジャイアントキリング〟と言われるものです。

採用というのは、教科書通りにはいきません。高学歴で実績十分な人が不採用になり、学歴も高くなく、普通の実績の人が採用になったりします。さらには〝35歳まで〟という募集に対して20代の若い人が不採用になり、35歳を過ぎた人が特別枠で選ばれることもあるのです。そういった**番狂わせが起こる理由は、採用側に人材を正確に評価する手段がないからです。**

もし、あなたが数年でも社会人経験があれば「そんなはずはない。人事部が正確にジャッジしているはずだ」とは思わないでしょう。一度もバイトをしていない学生からしたら、信じられないことかもしれませんが……。

採用担当者は人を見抜くプロではありません。多少、ほかの部署の人より経験があるとしても「この人材は間違いなく活躍する」と正確にジャッジできる専門家ではないのです。

私が人事の方に取材した際、ハッキリとわかったことは、ほとんどの会社では一次面接は現場の人間が仕事の片手間で行っているということです。私も会社員を11年間経験していますので、うすうすは感じていました。

とくに営業現場では現在、部下の管理を専門にしている本属マネージャーではなく、プレマネ（プレイヤー＋マネージャー）が増えています。プレマネということは、契約を取りながら部下の面倒を見なくてはなりません。いくら時間があっても足りないのです。そんな状況で、さらに面接するのですから大変です。

営業職でなくても、「今日は上司に報告する日だ。さっさと面接を済ませて仕事にもどらないと」と思いながら面接をしているのです。

これでは、正確に人を判断できるわけがありません。たとえ人事部であったとしても、はじめて会う人をわずかな時間で正確に判断することは難しいのです。

このような状況を理解し、その上でうまく立ち振る舞う人がジャイアントキリングを起こすのです。

27

ビジネスはえこひいきの世界

ビジネスにはハッキリとした正解がありません。事業を成功させてもふんぞり返れば、マイナス評価になり、失敗してもその後のフォローをしっかりすれば、プラスの評価になります。何が正解で、何が不正解だったのかもわかりません。当然ですが、「今回の仕事の点数は75点」などと数字には現せないのです。

今までの会社のあなたへの評価を思い出してみてください。あなたが転職を考えているのでしたら、会社の評価に対して少なからず不満があるはずです。心から満足しているのでしたら、転職しようなどと考えないはずです。「なんで同期のアイツが先に主任になったんだ」と受け入れがたい経験をしたかもしれません。

会社では仕事ができる人が平社員のままだったり、たいして実績を残していない人がいち早く課長に出世したりするところです。その証拠に、会社を見渡せば「どうしてあの人が部長なの？」と不思議に思う人が何人かいるでしょう。会社とは、まさにえこひいきの世界なのです。

会社という組織は、様々な年代や経歴を持った人間が集まっています。これだけ**幅広い人間を、公平に判断することは不可能です**。リストラか、左遷か、出世かを決めるのはテストなどの公平なものではなく、生身の人間が決めるのですから、ばらつきがあって当然です。

もちろん、成績や売上などの数字で差が明確に出る職種もあります。営業職であれば契約数や売上が数字で現れますし、編集職であれば年間何万部などと数字が出てきます。数字は、成績や能力を判断するためのひとつの要素ですが、数字に現れないことが意外に重要だったりします。

この事実を「だからこそおもしろい」と前向きにとらえましょう。

28

美人ではなく さえないおじさんから契約した理由

「明確な理由はないけど、雰囲気で決めた」という経験をしたことがないでしょうか？

以前、生命保険の営業スタッフの人とはじめてお会いしたときのことです。

挨拶をしたあと、商品の説明を聞きました。生命保険というのは、いくら説明を聞いても理解しにくい商品のひとつです。やはり今回も内容が難しく、なかなか理解できません。

しかし、内容がわからないながらも、既に購入を決めている自分に気づいたのです。商品を完全に理解していない私がなぜ決めたかというと、〝担当者が若くて美人だったから〟ではありません。担当した営業スタッフは男性ですし、年輩のおじさんです。では、説明が上手だったり、セールストークが巧妙だったりしたからでしょうか。

いいえ、違います。この人は経験豊富にもかかわらず、説明が上手ではなく、口下手です。転職組で以前機械の工場で働いていたそうです。このように話すと、その担当者で決めるような理由などないように感じるかもしれません。

私が購入を決めた一番の理由は、出会ったときの印象です。その営業スタッフは出会った際、自信のある表情で感じよく笑い、いい雰囲気で話しかけてくれました。説明の内容や商品のメリットではなく、**その人の持つ「この人なら任せても安心だ」という空気感が決め手だったのです**。そもそも話の内容は、私にはよくわかりませんでした。

これとは全く逆のケースも経験したことがあります。やはり、生命保険の営業スタッフとお話ししたときのことです。

先ほどの営業スタッフとは違い、説明も上手で保険営業としての知識も豊富です。しかも、若くて清楚でかわいい女性です。

ただ、出会った瞬間、目を合わせず不自然な笑顔でした。説明自体は上手なものの、どことなく「契約さえ取れればあとは知りません」という感じがしたのです。少し話を聞いて「検討させてください」とすぐに商談を終えました。もちろん、契約することはありませんでした。

何を話すかではなく、いかにいい空気感を出すかがポイントになってきます。

これは面接でも同じく重要なことです。

29

出会いの一瞬にすべての力を集中せよ

今はリモートが多くなりましたが、以前は定期的に営業コンサルタントの仲間が集まって意見交換をしていました。その際、よく第一印象についての議論になります。

- **出会って数秒で決まる**
- **1～2分の印象で決まる**

と意見は分かれるものの、すぐに決まることには変わりません。

対面での研修の依頼をいただいたとき、調査したことがあります。住宅会社の研修先へ向かうときに早めに到着し、近くの住宅展示場へ向かいます。そこで営業スタッフが、どのような接客をしているのかを知るために、モデルハウスにお客様として入店するのです。

あるとき、業績を伸ばしているAホームにお客様として入店しました。玄関から入ると、リビングのほうからひとりの若い営業スタッフが出てきます。こちらに向かってくる立ち振る舞いを見て、「この営業スタッフはやりそうだ」と感じたのです。こういった好印象の営業スタッフはしっかりと挨拶をして、丁寧に名刺を渡してくれます。印象のいい営業スタッフのほとんどは、成績がいいのです。

そうでない方もいらっしゃいます。入店し、奥からこちらに向かってくる姿を見て「これは期待できない」という印象を受ける営業スタッフもいます。やはり挨拶も適当で、名刺の出し方も全然ダメなのです。数多く見てきているので、目が肥えているということもありますが、そうでなくても雰囲気で察することは誰にでもできるのです。

あなたがお客様だとすると、営業スタッフやお店の店員さんに出会った数秒で「この人は感じがいい」もしくは「この人は嫌な感じがする」と本能的に判断しているはずです。

面接でもあなたの印象は出会いの一瞬で決まります。これを理解していないと全くもって勝負にならないのです。**面接官は出会いの数秒であなたを判断しています**。そのことがわかれば出会いの一瞬に手を抜くことはなくなります。

30

6秒で印象が決まり、15秒で勝負が決まる

心理学者のアルバート・メラビアン博士によると「人は6～7秒で第一印象を決める」と言います。6～7秒ということは、転職活動で言えばドアをノックして部屋に入り、椅子に着くまでの時間です。リモートではルームに入って、「写っているでしょうか？」と動作を確認しているくらいの時間です。

この理論からすると、人事部の方の「まともに話をしないうちに不採用という場合もあるんですよ」という意見にも納得できます。

そう考えるとはじめの6秒は最も重要になるのです。

またヤン・カールソン著の『真実の瞬間』には、「顧客と出会う最初の15秒で、最大満足を提供せよ」と書かれています。要するに人と出会ったときの15秒間に最大限集中して接することを意味しています。とにかく、出会いの一瞬が大切だということです。

実は、あなた自身も無意識のうちに短時間で人をジャッジしているのです。はじめてお会いした人に対して、はじめの15秒で「この人は話が合いそうだ」と思ったり、逆に「何だか苦手そうだな」などと思ったりしているはずです。

これはリモートでも同じことで、Zoomの画面に映った姿を見て、よいか悪いかを判断します。第一印象がよかった人はそのあとポジティブな判断をされやすくなるのです。

面接時に部屋に入った瞬間、デキる人の演技をして「この人はやりそうだ」という印象を与えられたらどうでしょう。かなり有利になりそうではありませんか？

最初に好印象を与えておけば、〝寛大化傾向〟により大目に見てもらえます。寛大化傾向とは、いいなと思った人に対して評価が甘くなる傾向のことを言います。だから、第一印象がよければ少しズレた答えを言ってしまったとしても、「まぁ、確かにそういった見方もあるんだな」とポジティブに受け取ってもらえます。

逆に第一印象が悪い場合は厳しいジャッジになり、ちょっとした意見の食い違いで「ほら、やっぱりダメだ」となってしまうのです。

出会いの6秒であなたの印象が決まり、15秒で勝負が決まると心に刻んでください。

31

デキる人の言葉と立ち振る舞いをマネする

私はダメ営業スタッフ時代、トップ営業のマネをしてうまく行ったという経験があります。

あるとき、展示場で待機していると後輩の担当しているお客様が来店しました。自分の担当ではないお客様は、頑張っても自分の成績にはなりません。私は半分遊びで「トップ営業の先輩」になりきり接客してみることにしました。

するとお客様は帰り際、私に「菊原さんは優秀なんでしょうね」と言ってくれました。このお客様は先輩のマネをした私を見て「デキる営業スタッフだ」と判断したのです。このお客様だけ、たまたまうまくいったのかとも思いましたが、そのあとも「デキる営業スタッフになりきる」といったことを続けたところ、お客様の反応はよかったものです。

実はこれがヒントになり、その後私は本当にトップ営業になったのです。

ではそのとき、私はどのようになりきっていたのでしょうか？

具体的には、トップ営業が言いそうな言葉をマネしたのです。

例えば、「ローンついては誰よりも勉強していますから、どんなことでもご相談ください」と自信に満ち溢れた立ち振る舞いでお客様に声をかけます。

今まではお客様から「説明は結構ですから」と突っぱねられていましたが、「ぜひ聞いてほしいことがあるのですが」と１８０度違った反応に変わったのです。

私は普段からトップ営業スタッフがどんな言葉を使い、どんな立ち振る舞いをしているのかを知っていました。それを自分流にアレンジして言ってみたのです。

とにかく**「デキる人」のマネをして、なりきることが重要です**。このワザはそれほど難しいことではありません。

あなたが子どもの頃、好きだったキャラクターの言葉や仕草をマネしたことがあると思います。そんな感じでいいのです。

まずは身近にいるデキる人を思い浮かべ、「デキる人だったらこう言うだろうな」というイメージで構いません。また、立ち振る舞いも参考にしてみてください。

この２つの点を意識するだけでもデキる人の雰囲気を醸《かも》し出《だ》せるようになります。

32 最低でも3人のいいところをモデリングする

デキる人を演じるには、理想的な人を見つけることが近道です。

これは一般的にモデリングと言われています。モデリングとは、「この人みたいになりたい」という理想の人を見つけ、言動をマネすることを言います。

とはいえ、すべてが完璧な人などそうそういません。

例えば、仕事はできるがプライベートはめちゃくちゃで家庭が崩壊している先輩がいたり、またその逆で仕事はいい加減だけど人間関係は非常に良好な同期がいたりします。

そうした人たちのいい部分だけを参考にすればいいのです。理想のモデルはなにもひとりでなくても構いません。私自身は3人の営業スタッフを参考にしていました。

・Aさんの「堂々とお客様と接する立ち振る舞い」

・Bさんの「スタッフへの気の使い方」
・Cさんの「聞き取りやすい話し方」

3人のいいとこ取りをして〝理想の営業スタッフ像〟を作り上げたのです。

とくにCさんの話し方は参考になりました。Cさんは話すペースがちょうどよく、聞き取りやすいのです。ですから、たいした話でもないのに、それをおもしろおかしく話すことができます。話の展開、間の取り方、話の長さなど完璧です。

あなたの会社にも〝仕事、プライベート、人間性、立ち振る舞い、話し方〟とすべての要素において理想的な人がいればその人をそのままモデリングすればいいです。

ただ、そこまで完璧な人はなかなかいません。そんなときは**ひとりをモデリングするのではなく、複数の人のいいところをモデリングしてみてください**。会社に限らず、友人関係、家族、兄弟なども参考にしてみましょう。

またトップアスリートや芸能人、本の著者などのいいところも取り入れてみてください。YouTubeで〝TED〟から好きなタイプの人を選ぶのもおすすめです。

33

馬子にも衣裳は本当だった

デキる人を演じる際、大切な要素があります。それはなんといっても〝見た目〟です。

私の若い頃はまだヤンキーと言われる人たちが存在していました。とくに私が住んでいる北関東にはたくさんいたのです。私はヤンキーではありませんでしたが、ヤンキーアニメにあこがれ〝短ラン、ボンタン（ショート丈の学生服と太いズボン）〟を着ていたことがあります。当時はこれがお洒落だと思っていました。中身は普通だったにもかかわらず、強くなった気分になったものです。

あなたも子どもの頃、テレビアニメのヒーローやヒロインになりきるときは、その対象の服装をマネしたはずです。これは大人になってからも同じです。馬子にも衣装と言いますが、格好から入るのが近道なのです。

私は、ダメ営業スタッフ時代にトップ営業の方から「高いオーダースーツを着たほうがいい」とアドバイスを受け、いつもの3倍の価格のスーツを買ったことがあります。はじめは「高いスーツを着たぐらいでどうにかなるものではない」とたかをくくっていました。ところが実際着てみてビックリです。高いスーツを着て会社に向かっただけで、自分でも信じられないくらいモチベーションが上がります。一瞬にして売れる営業スタッフに変身したようでした。いつもより何倍も効率よく仕事ができたのです。

これは私だけではありません。そのとき、同じ営業所で働いていた後輩も先輩のアドバイスを聞いて高いスーツを購入しました。今までは、サイズが合わないダボッとしているスーツを着ていたので、見るからにできそうもない雰囲気を醸し出していました。

ところが、体のサイズに合った高いスーツを着た途端、ダメなことを知っている私でさえ、デキる人だと勘違いしてしまいました。

デキる人の演技をするためには、見た目から取り入れることが一番の近道です。

今はオーダースーツもそれほど高くありません。気持ちを盛り上げるために、一着作ってみてはいかがでしょうか。

34 面接のときだけデキる人を演じればいい

今までデキる人を演じるために、立ち振る舞い、話し方、見た目などをモデリングするといった話をしてきました。この話を聞いて「話はわかるが、いつもと違う自分を演じ続けることなどできない」という人もいると思います。

演技し続けることなんてとてもできませんし、そんな難しいことをしてくださいとは言いません。ポイントでデキる人を演じればいいのです。

82ページでお話ししたようにダメ営業スタッフの私は、デキる営業スタッフになりきってお客様に接していました。それで今までより何倍もうまくいくようになります。

ただ、お客様と対面するまではいつもの自分でしたし、お客様と別れてしまえばまたダメな自分に戻ります。そしてまたお客様の前に出る瞬間にトップ営業スタッフになりきっていたのです。

面接前はいつも通りの自分で構いません。ただし、面接がはじまる直前でスイッチを入れ、デキる自分を演じます。

つまり、**面接の部屋に入るノックを演技スタートのブザーと考えればいいのです。リモート面接でしたら、Zoom や Teams のルームのURLをクリックする直前に切り替えるということ**です。

これは転職活動を成功させるための大きなヒントになります。

例えば、ここ一番の面接があったとします。

面接がはじまる前からデキる人を演じ、力んだのではうまく行きません。スタート前から力めば、「デキる人としてうまく立ち振る舞えるだろうか」と不安になってしまいます。

そして、いざ本番のときには冷静さを欠き、失敗してしまいます。自分の順番が来るまでは、リラックスすることを心がけてください。

面接がはじまる瞬間にスイッチを入れ、デキる人を演じればいいのです。長時間は難しいとしても、「面接のときだけでいい」と考えると気が楽になります。

35 赤の他人の面接官の前だから演技できる

デキる人を演じることに関して、「照れくさくて演技なんてできない」と拒否反応を起こす人もいるかもしれません。

演技というと、子どもの頃に経験したお遊戯会をイメージするかと思います。お遊戯会の観客は親や顔見知りなどの、知り合いばかりです。知っている人の前で演技するから緊張しますし、照れくさいのです。

知人の編集者の方からこんな話を聞いたことがあります。

その方は合格率が低い難関の大手出版社を受け、デキる人の演技をして一次面接、二次面接と次々にパスしていきました。

しかし、最終面接でたまたま以前同じ出版社で働いていた人と一緒になります。照れも出てうまく演技ができなくなり、不合格になったというのです。

私も営業スタッフ時代にこれに近いシーンを見たことがあります。

会社でロールプレイング大会があり、そこでトップ営業スタッフが登場したのです。そのときは2人組になり、もうひとりの営業スタッフがお客様役をし、模擬商談をするというものでした。

そのトップ営業スタッフは、お客様との会話がうまくて有名な人です。しかし、皆の前だと照れくさいのか、全然ダメなやり取りになってしまったのです。

百戦錬磨のトップ営業スタッフでさえ失敗するのですから、どんな人でも知り合いの前では照れくさいものです。

しかし、面接はどうでしょうか？

目の前にいる面接官はあなたのことを知らないのです。どんな演技をしたとしても、「あれ？　いつものアイツじゃないな」などと思われることはありません。

面接の場は、お遊戯会やロールプレイング大会とは全く異なります。**はじめて会う赤の他人ですから、どんなすごい人を演じても問題ないのです**。さらにリモート面接となればまわりに誰もいないのですから、どうとでも演じることができます。

面接では、恥はかき捨てて、割り切って理想的なモデルを演じましょう。

36

勝負どころで緊張するときの対処法

対面の面接であれば名前を呼ばれた瞬間、リモートであればZoomやTeamsのルームに入室した瞬間にデキる人に切り替えます。そのほうがずっと演じているよりも集中力が高まります。

ただし、「スイッチを入れたとたん緊張して舞い上がってしまう」という人もいるかもしれません。

その気持ちはよくわかります。なにしろ私はずっとそれに苦しんできたのです。直前まで
どんなにリラックスしていたとしても、お客様の顔を見たとたんに緊張してしまいます。舞い上がってしまい、余計なことを口走り大失敗。

そんな経験をくり返してきたのです。だから、常に緊張しないですむ方法を探していました。セルフコントロールの本を読んで、「リラックス、リラックス……」と言い聞かせ

お買い求めいただいた本のタイトル

■お買い求めいただいた書店名

(　　　　　　　　　　　　)市区町村（　　　　　　　　　　　　)書店

■この本を最初に何でお知りになりましたか

□ 書店で実物を見て　□ 雑誌で見て(雑誌名　　　　　　　　　　　　)
□ 新聞で見て(　　　　　　　新聞)　□ 家族や友人にすすめられて
総合法令出版の(□ HP、□ Facebook、□ Twitter、□ Instagram)を見て
□ その他(　　　　　　　　　　　　)

■お買い求めいただいた動機は何ですか(複数回答も可)

□ この著者の作品が好きだから　□ 興味のあるテーマだったから
□ タイトルに惹かれて　□ 表紙に惹かれて　□ 帯の文章に惹かれて
□ その他(　　　　　　　　　　　　)

■この本について感想をお聞かせください

（表紙・本文デザイン、タイトル、価格、内容など）

（掲載される場合のペンネーム：　　　　　　　　　　）

■最近、お読みになった本で面白かったものは何ですか?

■最近気になっているテーマ・著者、ご意見があればお書きください

ご協力ありがとうございました。いただいたご感想を匿名で広告等に掲載させていただくことがございます。匿名での使用も希望されない場合はチェックをお願いします☐
いただいた情報を、上記の目的以外に使用することはありません。

郵便はがき

料金受取人払郵便

日本橋局
承認

6189

差出有効期間
2023年2月
28日まで

切手をお貼りになる
必要はございません。

103-8790

953

中央区日本橋小伝馬町15-18
EDGE小伝馬町ビル9階
総合法令出版株式会社 行

本書のご購入、ご愛読ありがとうございました。
今後の出版企画の参考とさせていただきますので、
ぜひご意見をお聞かせください。

フリガナ お名前	性別 男・女	年齢 歳
ご住所 〒 TEL ( )		
ご職業 1.学生 2.会社員·公務員 3.会社·団体役員 4.教員 5.自営業 6.主婦 7.無職 8.その他( )		

メールアドレスを記載下さった方から、毎月5名様に書籍1冊プレゼント!

新刊やイベントの情報などをお知らせする場合に使用させていただきます。

※書籍プレゼントご希望の方は、下記にメールアドレスと希望ジャンルをご記入ください。書籍へのご応募は1度限り、発送にはお時間をいただく場合がございます。結果は発送をもってかえさせていただきます。

希望ジャンル：☐ 自己啓発 ☐ ビジネス ☐ スピリチュアル ☐ 実用

E-MAILアドレス ※携帯電話のメールアドレスには対応しておりません。

ても、体は逆の動きをします。結局、さらに緊張してしまうだけでした。

そんなある日、尊敬している先輩が「変にこなれた感じの接客よりは、少し緊張したほうが印象はいいんだよ」とアドバイスしてくれました。

その後、接客では無理にリラックスしようとせず「緊張したほうがいい」と思いながら接客してみたところ一気に気持ちが楽になります。以前より断然緊張しなくなったのです。

面接で自分にプレッシャーをかけ過ぎてしまうと、いい結果につながりにくくなります。とくに本命の会社は「いい印象を与えて、どうしてもこの会社に入りたい」という強い思いが、緊張をよんでしまうのです。

会社で面接官をしている人から「緊張するというのは、真剣な証拠なのでマイナスになりません」といった話を聞いたことがあります。

面接直前に心臓がドキドキし出したら、「緊張するのは真剣な証拠。緊張したほうがいい」と考えてください。そう考えるだけでも気持ちは楽になります。

「緊張しないようにするぞ」と思えば思うほどハマってしまいます。

逆に**「緊張したほうが好印象を与えられる」**と思えばリラックスできるのです。

37

準備が人を積極的にさせる

私がダメ営業スタッフ時代のときのことです。商談するお客様を見つけられなかったため、暇にまかせてアプローチブックを作成していたことがあります。

アプローチブックとは、資料や写真を1冊にまとめたもので、お客様に商品説明をするときに使用するツールです。

そんなとき、ひと組のお客様が来店します。いつものように接客をしていると意外な心境の変化に気がつきます。アプローチブックを作ったことで、「このツールを使ってお客様に話をしたい」という積極的な気持ちになっていたのです。

そのとき私が作ったアプローチブックの内容は、たいしたものではなかったかもしれません。しかし、内容はともあれ私は接客のための準備をしました。その準備が、私を前向きな気持ちにさせました。はじめてお会いしたお客様に対して「もう少しお伝えしたいことがありますから、こちらへおかけください」と自信を持って言えるようになったのです。

これはほかの職業の人も同じことが言えます。

例えば定例会議に臨むのでしたら、その内容について前もってしっかりとインプットします。準備したことで、今まで発言しようとも思っていなかったあなたが「○○については、どのように考えているのでしょうか？」と積極的に発言したくなったりするのです。

「面接を楽々パスする人になりきる」といった気持ちになれない人は、ぜひそのキャラクターになるための準備してみてほしいのです。

準備をしただけで「このキャラクターになりきってみたい」という感情が生まれます。

今までご紹介したモデリングでもいいですし、オーダースーツを注文するといったことでも構いません。**少しでも行動したり、準備をしたりするだけでモチベーションが上がっていきます。**

ダメ営業スタッフ時代の私は「なんで結果が出ないんだろう……」と思いながらも、何の準備も努力もしませんでした。これでは気分が上がらないのも当然です。

なりきるのも大切ですが、それに向けて準備することも大切です。

幸運は準備した人だけに訪れるのです。

38

変わろうとしている人は魅力的でオーラがある

私が講師をしている大学の学生と話をしたときのことです。

今まで目立たなかった学生で名前も覚えていませんでした。その学生が授業後に突然、私のところへ来て「今まで本を読んだことはなかったのですが、２週間前から１日に１冊読むようにしています」と言ってきたのです。

その理由を聞くと「とにかく成長したい」と言います。この20歳の学生からは魅力的なオーラを感じたのです。

知人の経営者にお会いしたときのことです。

その方は毎日朝早くから起きて運動しています。ウォーキングからはじまり、ウエイトトレーニングもしているというのです。この方は60歳を過ぎていますが、まるで30代の人と話をしているようでした。その方からは何とも言えない魅力を感じたのです。

年齢は関係ありません。

人は「今よりさらに成長したい」と努力している人に魅力を感じます。逆に、今成功していても「現状維持でいいんだ」という人からはオーラも魅力も感じないのです。

あなたは今どんな状況でしょうか？

「今まさに転職活動の真っ最中だ」という方もいれば、「将来的に転職を考えている」という方もいるでしょう。どんな状況だとしても、この本を読んで何かを変えたいと思っていることに変わりはありません。それだけでも十分魅力的なのです。

あなたがこの本を読んでいるとき、景気がどのようになっているかはわかりません。ただ、こういった本を読んでいるということは、きっと転職活動が難しい状況なんだと思います。転職活動に慣れているという人は少数派だと思いますし、「面接なんて学生以来だ」という方もいるかもしれません。

はじめはうまく行かなくて当たり前です。

この章で紹介した〝デキる人を演じる〟ということができなくてもいいんです。

仮に転職活動に失敗したとしても、チャレンジしているだけであなたは十分魅力的なのです。自信を持って転職活動に臨んでください。

第4章

「相手が求めていない回答」ではなく正しく強みを伝える

39
自己分析ではなく他己分析をする

転職サイトには、最初に自己分析を推奨するものがあります。自己分析はエントリーシートを書くためのネタとして、人生を振り返るときに活用できます。ただし、ひとりで悶々《もんもん》と考えることはおすすめしません。

私が営業スタッフ時代に研修に参加したときのことです。

そこでは〝自分史〟と呼ばれる自己紹介文を作成するためのワークをしました。自分史を書くために、丸1日かけて自己分析をしました。しかし、「口下手だし、人見知りするのが痛いんだよなぁ」「そもそも営業に向いていない性格だし……」などと、プラスの材料は全く出てきません。最終的には「もう営業をやりたくない」と思ってしまったのです。

そのとき、私が実感したのは「ダメ人間は、いくら自己分析をしてもダメな自分しか出てこない」ということです。

しかし、隣のトップ営業スタッフはスラスラと自分史を書いているではありませんか。**「自己分析を徹底的に行ったら、他人より抜きん出た能力が見つかった」というのは、強者のことであって一般人には当てはまらないのです。**多くの人は自己分析をしても、強みは見つけられません。無理やり見つけたものを身勝手にアピールして、失敗に終わるのがオチなのです。

私がおすすめしたいのは自己分析ではなく〝他己分析〟です。転職や就活において自分以外のことを分析することを、私は他己分析と呼んでいます。

- **面接官はどのような人か**
- **デキる人だと評価される人はどんな人か**
- **会社はどのような人材を必要としているか**

など、こういった外的な要素を徹底的に分析するのです。こうしてリストアップされた要素をもとに理想の人物像を作り上げます。

他己分析をすることで、面接官から評価が高い理想的な人材が見えてくるのです。

40

自分が思っている強みと実際の強みは違う

私が交流会に参加したときのことです。

名刺交換した方は「私は愛嬌がある顔なので、人から可愛がられるタイプでしてね」と言ってきました。しかし、どこをどう見ても愛嬌があるとは思えません。かなりの強面《こわもて》で、笑うとさらに怖さが増します。私は目を一度も合わせることができないまま、1分程度話をしてその場を離れました。この方は自分の強みを理解していません。もし、自分を客観的に理解し「一見怖そうに思われますが、実は人なつっこいタイプでして」と言ってもらえればもっとフランクにお話しできたと思います。

かくいう私もずっと勘違いしていたことがあります。それは、契約が取れるようになった理由を「ヒアリング力と提案力が上がったから」と思い込んでいた時期があります。

あるとき、ご契約いただいたお客様に理由を聞くと、「以前からお役立ち情報を送ってくれたから」と教えてくれたのです。

私の強みは提案力ではなく、長期で丁寧にフォローすることだったのです。それを知ってからはこのスキルをとことん磨きました。その結果、会社を退社するまでトップ営業スタッフでいられたのです。

このように自分が思っている強みと実際の強みが違ったりします。**自分の強みを正確に把握するか、しないかで今後の人生に与える影響が大きく異なるのです。**

転職活動では、相手にハッキリと自分の強みを伝える必要があります。ただ、その強みはあなたが思っている事実とズレているかもしれません。転職活動に臨む前に、客観的に把握しておく必要があります。

あなたが営業職をしていたのであればお客様に〝どのように見えているのか〟を聞いてみてもいいと思います。そうでない人は会社の仲間、先輩、上司に「私の強みは何でしょうか？」と聞いてほしいのです。また友人や家族に聞いてみるのもひとつの方法です。

様々な人から聞くことで「これが自分の強みだったのか」と驚くこともよくあります。

自分が思っている強みと、他人から見えている強みは違っているものです。まずは、自分の強みを正確に把握することからはじめてほしいです。

41

エントリーシート作成はファクターを出すことからはじまる

転職活動は、エントリーシートや履歴書を書くことからはじまります。

エントリーシートには今までの経歴、志望動機、自己紹介、趣味などの記入欄がありますが、これが結構難しいのです。私もよく大学の学生から「エントリーシートがなかなか書けません」という相談を受けます。

社会経験のある人は、経歴などは書けるものの「志望動機と自己紹介は難しい」と言う人は少なくありません。普段、こういった文章は書いていないため、難しく感じるのも当然です。

私は毎週、大学でビジネスマナーの授業を行っています。その授業内容のひとつに「プロフィール作成」があります。これがエントリーシートを作成するのに役立ちます。

具体的なやり方は、学生に1枚の用紙を配布し、自由にプロフィールを書いてもらいます。5分経ったところでチェックします。

100名弱の学生の中でスラスラと書ける人は数人です。そのほかの学生は1～2行書いたところで手が止まってしまうこともあれば、全く書けないまま時間切れになることもあります。そのあと、別の用紙を配ります。そこには左記のような質問が書いてあり、その質問に答えてもらうのです。

- **将来の夢は?**
- **将来成し遂げたいことは?**
- **長年続けていることは?**
- **誇れる実績は?**
- **すべて(お金・時間・能力)が自由になるとしたら何をしたいか?**

など、まずはプロフィールを書くためのファクターをできるだけたくさん出してもらうのです。それから、再びプロフィールの用紙に向かってもらいます。すると何も書けなかった学生でもスラスラとプロフィールが書けるようになるのです。

42

自己紹介文は2ステップで書く

著者として駆け出しの頃は1冊の本を書くのに大変苦労しました。準備を整え「さあ、書くぞ」とパソコンの前に座ります。2～3行書いたところでピタッと手が止まり、1時間近く「う～ん」と唸っていることもありました。しかも無理やり書いた文章は、使い物にならないことが多く、半日かけて書いた文章を翌日全部消去する、なんてことをよくやっていたのです。これでは時間がいくらあっても足りません。

あるとき、100冊以上本を書いている著者の方から文章を書く秘訣について教えてもらったことがあります。

私　「何も浮かばず書けないときがあるのですが、どうすればいいのでしょうか？」

著者「書きたいことを前もってリストアップしていますか？」

私　「いいえ、頭で考えながら書いています」
著者「それじゃ無理ですよ。頭で伝えたいことを思い浮かべ、文章を考えながら同時に編集できる人はほとんどいません。私だってできませんから」
私　「そうなんですか？」
著者「私はアナログ派なので、毎回書きたいことを紙に記してから文章を書いています」

このアドバイスをいただくまでは、「直接パソコンに向かって書いたほうが時間短縮になる」と思い込んでいました。しかし、それが間違いだったのです。その後、事前に書きたいファクターを書き出すことで、何倍も速いスピードで原稿が書けるようになりました。

この著者の方から**「自分の持っている要素を書き出す→文章にする」**といった2ステップ方式を教えていただきました。

これは私の著者生命を10倍以上に伸ばしてくれた、ダイヤモンドのノウハウです。

「志望動機、自己紹介文がどうしても書けない」という人は、まずは2ステップで書くことをおすすめします。

これで「文章が書けない」という悩みが解決します。

43
失敗は忘れるものではなく貴重なデータとして蓄積する

私がダメ営業スタッフ時代のときのことです。

お客様と対面した際の沈黙は嫌なものです。沈黙を避けようと、お客様が求めていない説明をよくしていました。頑張ってセールストークをしても、「まだ具体的に考えていないので、説明は結構です」とあっさり断られてしまっていたのです。しかも、その失敗を振り返らないため、何度も同じ過ちをくり返していました。成長しないまま、何年もダメ営業スタッフで過ごすハメになったのです。

もしあのとき、1回1回の失敗を振り返り、反省していたらどうだったでしょうか？反省点を次の営業活動に活かしていれば、欠点が克服されもっと早く結果が出たと思います。さんざん失敗をくり返し、やっとのことで失敗だと認識するようになりました。

失敗パターンの多くは、お客様をよく観察せずに一方的に説明したときです。こういったときは、ことごとく悪い結果に終わるということに気づいたのです。

その事実に気がついた私は、お客様と対面した際「このお客様は何を求めているのだろう？」と考えるようになりました。慌《あわ》てて説明することがなくなったため、客観的な視点が持てるようになりました。これだけでもかなりの改善です。

それからは1回1回振り返り、どこがよかったのか、どこが悪かったのかをメモするようになりました。

それでも失敗することがあります。しかし、それは今後のための貴重なデータです。「そうか、いきなりの売り込みはまずかったな。次は気をつけよう」と前向きにとらえることができるようになったのです。

転職活動をしていれば失敗することもあります。時には思い出したくもないことだってあるでしょう。そんなときに「今日の面接官は嫌なやつだったなぁ。思い出したくもない」と忘れるのではなく、何が原因だったのかを客観的に分析するのです。

はじめから完璧に面接をこなせる人はいません。**どんなにうまい人でもトライアルアンドエラーをくり返してきたのです。**

失敗は忘れるのではなく、ひとつの貴重なデータとして活用してください。

44

ブラッシュアップするのは「内容」ではなく「話し方」

面接では「どんな内容を伝えようか」と真剣に考えます。不採用の通知が届けば、「もう少しこのあたりを練り直してみよう」と内容についてブラッシュアップしたりします。もちろん、内容を練り直すのもいいですが、もしかしたら問題は内容ではなく、あなたの話し方にあるのかもしれません。

意外と気がつきにくいのは、自分の話し方です。昔から慣れてしまっているので、気にしないものなのです。

あなたは、自分自身がどんな話し方をしているか正確に把握しているでしょうか？

多くの人が自分の強みを勘違いしているように、ほとんどの人は自分の話し方のイメージと現実にはズレがあります。何かで録音された自分の声を聞いて「あれ？　私はこんなに早口だったの!?　それにこんな変な声をしていたのか」と驚いた経験があるはずです。

私自身も録音した自分の声を聞いた際、驚くほど滑舌が悪く聞きとりにくい、といった現実にガッカリしたことがあります。

私も含め、多くの人が自分の話し方の欠点に気づいていません。ということは、自分では気がつかないうちに相手に悪い印象を与えていることになるのです。

アルバート・メラビアン博士によると、コミュニケーションを取るとき「話す内容は全体のわずか7％しか影響を与えない」と言います。そのほかの表情や身振り手振りといったボディランゲージは55％、話し方は38％影響します。

せっかくいい内容を話したとしても、話し方が悪いと相手にはほぼ伝わらないのです。

普段、自分がどんな話し方をしているのかということを把握するために、一度、お客様との会話や会議での発言を録音して客観的に聞いてみてほしいのです。

今お持ちのスマートフォンには録音機能がついています。2、3分でも自分の話し方を理解するには十分な時間です。**Zoom や Teams の録画機能を利用すれば、見た目と話し方を同時にチェックできます。**

自分の姿を見るのは少し照れくさいですが、転職活動を勝ち抜くためにはこういった努力も必要です。

45

0.5秒の間を取るだけで話し方の印象がガラッと変わる

私が営業の研修をさせていただいているときのことです。研修終了後、パソコンを片づけていると、年配の男性が「名刺交換をよろしいですか？」と近づいてきました。

その男性は「ちょっと言いにくいことですが、よろしいですか？」と言ってきます。

「研修内容に何か問題でもあったのかな」と思いながら待ち構えていました。すると、研修内容は素晴らしいとお褒めの言葉をいただきましたが、「話に間がないのがもったいないですね」とアドバイスしてくれたのです。

言われてみれば心当たりがあります。

「今話している部分はとくに知ってほしい！」と熱意を持って伝えているつもりでも、参加者に響いていないような気がするのです。中には眠そうにしている人さえいます。

これは、参加者が悪いのではなく、私自身の伝え方が悪いのです。ただ単に伝えるのではなく、相手にしっかりと伝えるための工夫が必要だと痛感しました。

もし、面接官相手にこんな話し方をしていたら間違いなく不合格だったでしょう。

その後、私は大事なポイントの前に間を取るように心がけました。間を取ると言ってもいたずらに遅くするのではなく、大切なポイントの前に0・5秒の間を置くイメージです。

それだけで何倍も伝わるようになったのです。

あなたのまわりにも話がおもしろい人がいないでしょうか？

雑談をしているとき、「いいことを教えてあげようか。それは……」と間を取ります。たとえたいした内容ではないとしても、なぜかおもしろく感じるのです。

面接ではこういったポイントが重要になってきます。伝え方によってあなたの強みがしっかり伝わるか、それとも軽く流されてしまうのかが決まります。

熱意を持って志望動機を話したのにもかかわらず、「なんだか手ごたえがないな」と感じた経験があるかもしれません。

その理由は**言っている内容が悪いのではなく、話し方に問題が潜んでいるのです。**

「ここがポイントだ」という重要な話をするときには0・5秒の間を取り、面接官にしっかりと伝えてください。

46

自分が語りたいことではなく面接官が知りたいことを話す

自分の強みを把握した上で、面接官に伝わる話し方をすれば転職活動の成功率は格段に上がってきます。ここでもう一度思い出してほしいことがあります。

それは相手のことです。**自分が伝えたいことだけを勝手に伝えるのではなく、相手が知りたいことを相手にわかりやすく話すことが重要になります。**

私は営業コンサルタントとして、多くの営業スタッフにお客様へのアプローチ方法を指導しています。おすすめしていることは「既に購入したお客様が、買う前にこれを知りたかった……」といった情報を送る方法です。商品を検討しているお客様は商品のメリットより、「どうすれば失敗しないか？」という情報を知りたがっています。

お客様が求めている情報を提供すれば、結果はおのずと出てくるのです。

しかし、多くの営業スタッフは「業界ナンバー1の実績です」といったように優れている点を伝えてしまいます。

そういう気持ちもわからないではありません。ただし、〝実績、業績、性能などが優れている〟と伝えるだけでは、相手は「へぇ〜そうなんだ」と思うだけです。

これではお客様は、自分にどう役立つかがイメージできません。聞く立場になって考えることで、違う視点が見えてきます。ナンバー1がどのように役に立つのかを伝える必要があります。

転職活動でも同じです。

人事の方に取材した際、「自分を食べ物に例えて〝私は納豆のような粘り強い人間です〟と言ってくる人が結構います。本当に意味がわかりませんよ」と言っていたことがありました。これは相手のことを考えていない自己満足の伝え方です。そうではなく、「私は納豆のような粘り強い人間ですから、決まった仕事を毎日コツコツとこなすことが得意です」と相手にメリットがわかるように伝えてほしいのです。

自分の強みを正確に知り、伝わる話し方をしても相手がイメージできない伝え方をしたのでは意味がありません。

面接官に「これは当社の○○部門に適材だ」と思われるように工夫してください。

47
資格は持っていることより動機を伝えよ

大手企業で人事担当をしている方とお会いする機会がありました。

そのとき、「資格を持っていないと転職は厳しいですか？」という質問をしたところ、「あったほうがいいですが、それほど関係ありません」と言うのです。

これは意外でした。この話を聞くまでは「転職は資格が多いほうが有利」だと思っていたからです。転職希望者の中にはＴＯＥＩＣ８００点、漢字検定２級、宅建、司法書士、行政書士……とたくさんの資格を取っている人もいると言います。

面接官は資格が羅列されている履歴書を見て「どうしてこの資格を取ったのですか？」と必ず質問します。ここで答え方が重要です。

「興味を持ちまして」「たまたまそういう機会がありまして」などと答えてしまうと、その資格の価値は半減します。不明確な理由では、せっかく苦労して取得した資格が全く活かせません。そうではなく、「私はこのために資格を取りました」と資格を取得した目的、動機をしっかりと伝えたほうがいいのです。

私自身にも経験があります。私は、ファイナンシャルプランナー（ＦＰ）の資格を取ったことがあります。取得したときは嬉しくて、お客様に「私はＦＰの資格を持っていましてね」とことあるごとに言っていました。

しかし、お客様は興味なさそうに「へぇ……そうですか」と答えるだけです。当時の私は「資格さえ取れば、お客様のほうから相談したいと言われるだろう」と思っていました。しかし、その目論見は見事に外れたのです。

私はその後、「お客様にローンで失敗させたくないとの思いから勉強してＦＰの資格を取りましてね」と伝えるようにしました。それからは資金やローンの相談が一気に増えました。明確に動機を伝えたことで資格が活きてきたのです。

持っている資格の数を自慢しても意味はありません。

それより「どうしてその資格を取ったのか？」という動機のほうが大切です。取得の難しさも、合格率の高さも関係ありません。

どんな資格でもしっかりと理由を伝えれば、面接官の評価は間違いなく上がります。

48

面接官を攻略するのではなく仲間だと思う

営業スタッフで「お客様を攻略する」といった言い方をする人がいます。〝攻略〟とは軍事用語であり、敵陣に攻め込んで攻撃し、奪い取ることを言います。

お客様を攻め落とす対象と考えている人は、総じて成績が悪いのです。誰だって攻略されたくはないですから。

これは面接でも同じことが言えます。

〝面接を受ける人VS面接官〟といった構図で考えてしまうと、どうしてもその間に壁ができます。敵対心を持つと相手にもそれが伝わってしまいます。自分のことを敵視している人とは付き合いづらいものです。

この考え方で面接に臨めば、面接官に対して「なんだかわからないが、好きになれない」という印象を与えてしまうのです。

私は犬好きですが、犬嫌いの友人はいつも犬に吠えられ、追いかけられます。動物には言葉は通じませんから、醸し出す空気感で敵か味方かを決めているのです。

人間も動物です。こちらのことを敵対視している人を好きになどなれません。

あなたの会社にもひとりや2人は嫌いな人がいるかもしれませんが、その嫌いな人たちもまた、あなたのことを好きではないはずです。

嫌いな人でしたら敵対視するのは仕方がありませんが、面接官は今お会いしたばかりです。好きも嫌いもありません。「きっと意地悪な質問をしてくるだろう」などと偏見を持たないほうがいいのです。

そもそも面接官はどういう人だったでしょうか?

一次面接は、あなたが働く現場の人が立ちあっていることもよくあります。採用になればその人たちとは仲間です。マイナスな偏見を持つのではなく、**「いい人そうだ。この人たちとだったら一緒に頑張れる」**と、まずはこちらから好きになってほしいのです。そうすることで相手にいい空気感を与えられます。

〝デキる人〟を演じることも大切ですが、相手を好きになることも非常に重要です。精神論のような話ですが、これはぜひ忘れないでください。

49

苦手意識は過去の自分が作った壁

誰にでも「これだけはどうしても苦手だ」ということがあると思います。

本当に苦手なものもありますが、その中には既に克服していることを苦手だと思い込んでいる場合も少なくないのです。苦手なものは過去の自分が作った壁です。過去の自分は苦手だったとしても、今の自分は意外と大丈夫だったりします。

食べ物で以前はこんなに嫌いだったのに、年を取ったらそうでもないというものがあると思います。苦手だった行為がいつの間にか克服できた、なんてこともよくあるのです。

私はゴルフをしますが、ゴルフには〝１００の壁〟というものが存在します。１００の壁とは、18コースの合計ショット数が１００を切ることを言います。

私もこの壁を越えるのに苦労しましたが、一度越えてしまうとどうってことはなくなります。１００の壁を切るために必死に練習をしたわけではなく、調子のいい日にたまたま

〝97〟というスコアが出ました。たったそれだけで壁を感じなくなります。

要は壁というのは練習量や実力ではなく、精神的なものだと痛感したのです。

仕事に関しても同じようなことが言えます。住宅営業でも「二桁の壁が越えられない」と言う人は8、9棟で契約が止まります。リフォームの営業スタッフでも「億の壁が越えられない」と言う人は、8000万〜9000万円でキレイに止まるのです。

あなたが面接に臨むとき、「私は口下手で人見知りだから、うまく話せない」と思うとします。思っているとその通りになってしまうのです。

確かに5年前、10年前には口下手で人前に出ると何を言っていいのか、わからなかったかもしれません。しかし、あなたはいろいろな経験をしてきました。もしかしたら、あなたが苦手だと思っているだけで口下手はとっくに克服しているのかもしれないのです。

あなたは、厳しい社会生活で日々鍛えられてきました。既に壁を越えられる力を身につけているのです。それを阻止しているのは、ほかならぬあなた自身でしかありません。転職は、新しい自分のスタートのきっかけになります。

自信を持って臨めば、今まで乗り越えられなかった壁もあっという間に乗り越えられ、そして全く別の人生がスタートするのです。

第5章

戦略的に「この人は魅力がある」と思わせる方法

50 声の大きさとモチベーションは比例する

私の事務所にはいろいろな会社から売り込み電話がかかってきます。

「ホームページを見てお電話しました。広告を載せませんか?」といったものから、「バスを買いませんか?」「畳屋です。畳替えしませんか?」などの電話もかかってきます。

事務所に和室はありませんし、バスも必要ありません。もう少しターゲットを絞ってアプローチしたほうがお互いのためだと思うのですが……。

こういった売り込み電話の中で「この人は成績がいいだろうな」と思う人もいれば、「この人はおそらく苦戦しているだろう」と感じる人もいます。

いい印象を持つ人は、声が大きくハキハキしています。一方、印象が悪い人の声は小さく何を言っているのかよくわからないのです。

今の時代、売り込み電話をしてうまくいくとは思いませんが、どうせするのだったらハキハキと明るい声で話したほうがいいと思います。

投資用のマンション販売の研修をさせていただいたときのことです。

その会社では、主に電話でアポイントを取っています。社長が「同じトークをしているのに結果に5、6倍の差が出る」といった話をしてくれました。顔が見える接客でしたら、このくらいの差ができても不思議ではありません。

ただ、顔や姿が見えない電話でここまで結果に差が出るという事実に驚いたものです。

その社長は「テレアポが得意な営業スタッフは、自信があるのか声が大きいんです」と言っていました。そして、そういったタイプはやたらとモチベーションが高いと言います。逆に一番ダメな営業スタッフは苦手意識があるため、声は小さくモチベーションも低いと言うのです。

面接に臨む際、「今日はちょっと気分がのらない」という日もあるでしょうし、「自信が持てない」という日もあると思います。

そんなときは、いつもより少し大きい声で自己紹介してみてください。**声が大きいというだけで相手は「なんだかやりそうだ」という印象を持ちますし、何より自分の気持ちも盛り上がります。**単純明快ですが、効果的な方法です。

51 声の大きさはいつもの1・5倍を意識する

いくらしっかり準備して面接に臨んだとしても、声が小さければ自信があるようには思われません。

知人の舞台俳優の方が「自信がない人を演じるときは声を小さくし、自信に満ち溢れた人を演じるときには声を大きくする」と言っていました。

声の大きさによって相手に与える印象がガラッと変わってくるのです。その印象について実感したことがあります。

以前、健康食品会社で営業レターについて研修をしたときのことです。

参加者は50名以上でした。通常はマイクを使って話すのですが、そのときはマイクの接触が悪く担当者から「すみませんが、マイクなしで話をしてください」と言われました。

私は仕方がなく、いつもの1・5倍くらいの声で話しはじめました。

するとどうでしょう?

はじめは違和感があったものの、いつもより気持ちがのっている自分に気がつきます。なんだか自信を持って話せていたのです。また、受講者はいつもより積極的に聞いているように感じます。知らず知らずのうちに、自信がある雰囲気を醸し出していたのだと思います。

研修後のアンケートでは、「今日の研修は今まで受けた中で、最も参考になるものでした」や「自信を持って営業レターをすすめてくれたので、明日から必ず実行します」と高い評価をいただきました。

これも少し大きな声で話したことで、自信があるように思われた効果です。

大きな声でハキハキと話をすれば、それだけで自信があるように相手は感じます。

ただし、大声を出せと言っているわけではありません。**いつもの2倍の大きさでは大げさすぎて不自然**になり、「なぜこんなに力んでいるのだろう?」と逆効果になってしまいます。

私のおすすめは、通常の1・5倍の大きさを意識するのがちょうどいいと思います。

面接では1・5倍の声の大きさで臨んでください。

52
ゲインロス効果を使い面接官の心をつかむ

恋愛についてのテレビ番組を見ていたときのことです。

街角インタビューで「どんなときにキュンときますか?」という質問に対して、多くの人が「いい意味でギャップを感じたとき」と回答していました。

例えば、「普段はとっつきにくくクールな人が照れ笑いをしたとき」「ぶっきらぼうの人がやさしい言葉をかけてくれたとき」など、こういったギャップに女性は弱いようです。

これはもちろん男性でも同じです。〝ツンデレ〟という言葉がありますが、普段はツンツンと冷たい態度なのに、ふとした瞬間にデレデレと甘えた態度に変わる、といった態度を取られたらどうでしょうか? たいていの男性はコロッと落ちてしまうものです。

心理現象のひとつに**「ゲインロス効果」**というものがあります。これは、**人はプラスとマイナスの変化量が大きいほど、人の心に影響を与える度合いが大きくなることです。**もともとよい印象の人がよい行為をしても、それほど驚きません。普段のイメージがよくない人がいいことをするから、その振れ幅が大きく、インパクトがあるのです。

例えば、普段80点の印象の人が90点になってもその差は10点です。しかし、普段20点の人が70点になれば、その差は50点になります。

好ましく思われていなかった人が、急によい印象を与えることで、グッとよい印象が引き立ちます。モテる人はこの効果を知っていて、戦略的に行っているのです。

口コミは、ゲインロス効果から生まれます。

以前、テレビで小さな定食屋さんが取り上げられていました。そのお店は見た目も古く、立地も悪いのに毎日長い列ができています。その理由は〝こんなへんぴな地で汚いお店が、高級レストラン並みに美味しい料理を出している〟というギャップから口コミが広がっているのです。高級レストランのランチでは口コミになりませんが、小さい定食屋さんだからこそインパクトがあるのです。いい意味で裏切られたときはリピートしたいと思いますし、さらに「すごいランチを見つけた」と口コミしたくなるのです。

面接官をいい意味で裏切ってください。

振れ幅が大きいほど、大きなインパクトを与えられます。

53

あなたの第一印象の逆を言え

〝ゲインロス効果〟は様々なシーンで応用可能です。

私自身も営業スタッフ時代、これをフル活用してきました。

モデルハウスでお客様とお会いした際、警戒心が強く、全く話をしてくれない人もいらっしゃいます。こういったお客様に通常のトークは機能しません。

そこで「おすすめしないトーク」というトークを使います。おすすめしないトークとは、商品の特徴をひとつ探して「これはおすすめしません」と言うことです。一般的にお客様は「営業スタッフは自分勝手にどんどん商品を売り込んでくる」というイメージを持っています。そこへ、「この商品は使いにくいのでおすすめしません」と言われれば驚きます。いい意味で裏切られたお客様は、その営業スタッフが印象に残るのです。あくまでも、商品全般をおすすめしないわけではありません。商品の一部について指摘するのです。

このトークで今まで話をしなかったお客様が話してくれるようになった、という経験をずいぶんしました。

あなたは面接の自己紹介で見た目通りの事実を伝えていないでしょうか？

面接官から見ておとなしそうに見えている人が、「趣味は読書と音楽鑑賞です」と言ったり、体育会系の人が「体力だけなら負けません！」と言ったりしたのでは、何のインパクトもありません。その他大勢の人に埋もれてしまいます。採用されるためには工夫が必要です。

先日お会いした人事部長が「面接した女性で〝痩《や》せていますが怪力ですし、人の3倍は食べます！〟と言ってきた人がいましてね。そのギャップが印象に残り、最終的に採用しましたよ」と言っていました。彼女は**「どのように伝えれば、面接官の印象に残るか？」**ということをしっかりと準備し、印象に残る自己紹介をしたのです。

自分の伝え方ひとつで、一次面接で埋もれて終わるのか、それとも次のステップに進むのかが決まります。

面接官に「まぁ、よくいるタイプだよね」とスルーされるのではなく、いい意味で裏切ることを考えましょう。

54 長所だけでなく短所を言えるかがポイントになる

心理学の用語に〝片面・両面提示〟というものがあります。よい面だけを提示することを片面提示と言い、よい面も悪い面も提示することを**両面提示**と言います。

よい面だけを言う人はうさんくさく感じ、よい面と悪い面の両方を言ってくれる人は信頼を得られるというものです。

結果を出している営業スタッフがお客様に話している内容を分析すると、必ずこの〝両面提示〟を活用しているトークが出てきます。

何かを説明する際、「こういった部分は若干弱いのですが、この部分は優れています」といった言い方をするのです。これはお客様から信頼を得るために効果的なトークで、私も使っています。

本の自己紹介や研修の挨拶で、「私は7年間のダメ営業スタッフののち、4年連続トップ営業スタッフになりました」という話をします。皆さんから「7年間のダメ営業スタッフ時代があったから、菊原さんに共感できます」と言っていただけます。私がもし、「大手ハウスメーカーで4年連続トップ営業スタッフでした！」とだけ打ち出していたら、どうだったでしょうか？

長所だけでは何の印象にも残りません。もっとすごい人もたくさんいます。インパクトがないどころか「嫌みなヤツだ」と無駄に敵を作り、敬遠されることになります。

短所は隠すものではなく、むしろ積極的に伝えるべきなのです。

よい点だけを言う人には本能的に危険を感じます。

例えば、知人から「高級ホテルで豪華な料理を楽しみつつ、すごい人脈が作れる会があります。無料で参加できますよ」と誘われたらどうでしょうか？

ほとんどの人は「これは間違いなく裏があるぞ」と疑うはずです。

面接では長所だけでなく、短所もしっかりと伝えてください。

例えば、面接時に「私はこの部分に関しては少々苦手ですが、継続することに関しては自信があります」と伝えます。これを聞いた面接官は「正直で誠実な人だ」という印象を持ちますし、〝継続が得意〟ということもしっかり印象づけられるのです。

55

魅力的な人の特徴は〝素直で前向き〟

あなたの会社の仲間や友人と話しているときに「話をしていると気分がよくなる」という人もいれば、「ほんの少し話をしただけで気分が悪くなる」という人がいると思います。

その違いは何だと思いますか？

話をしていて気分がよくなる人の特徴はズバリ、〝素直でポジティブ〟ということです。

私の営業スタッフ時代の仲間3人をもとに解説します。

友人Aは基本的に前向きです。しかし、つらいことがあれば「今週は本当にしんどかった。クレームはあるし、お客様から断られるし……」と素直に愚痴ります。愚痴ったあと、「まあ、ちょっとつらいけど頑張ろうぜ」もしくは「厳しいノルマだけど、達成すれば絶対に楽しいぞ」などと締めくくります。だから話をしていて気持ちが前向きになります。

友人Bも同じように仕事の愚痴を言います。愚痴だけ言うのではなく、時には「とにかく前向きに頑張るか」などとポジティブな発言もします。しかし、友人Bは前向きな話をしても最後に「でも、難しいよね」や「まあ、無理だよね」と否定的な内容で締めくくります。ですから同じような話をしていても盛り下がるのです。

友人Cは真面目なタイプです。ほとんど愚痴を言わず、「ここでグズグズ言っていてもはじまらない、とにかく物事は前向きに考えよう」といった優等生の発言をします。

確かにその通りなのですが、どこか「本音じゃないな」といった感じがするのです。

同じ仕事をしていて、同じような成績だったこともあり、友人3人は似たような内容を話しています。

しかし、友人Aは魅力的に思え、ほかの2人の友人は魅力的には感じなかったのです。

やはり素直で前向きな人が魅力的に感じるのです。

面接ではどうしても優等生のイメージを提示しがちですが、魅力的な人は優等生ではありません。

素直で前向きな人物像をイメージして面接に臨んでください。

56

〝数打ちゃ当たる〟ではなくピンポイントでアピールする

売れない営業スタッフは商品のメリットを羅列します。その心理は「たくさんのメリットを挙げれば、ひとつくらいはヒットするだろう」と思っているからです。

あなたが商品を検討しているとき、4つも5つもメリットを立て続けに説明されたらどうでしょうか?

次々にアピールされても、結局何が言いたいのかサッパリわからないはずです。営業スタッフは数打ちゃ当たると思っているのですが、実際は数を打てば打つほど、的から遠ざかっていくのです。これではいつまでたっても結果は出ません。

先日参加した、異業種交流会でのことです。

テーブルで食事をしていると、ひとりの男性が近づいてきて「私はこういった事業をしています」と話しかけてきました。素晴らしい事業だったため、詳しく話を聞きました。

15分程度話を聞いたところで、「実はいろいろな会社にも携わっていましてね」と別の名刺を数枚出してきます。はじめはよかったものの、あまりにもいろいろな話が出てきたので、「なんだか怪しい」といった印象を受けました。すごさよりも怪しい印象のほうが上回ったのです。

もちろん、今やっていることをひとつだけに絞って話してくれる人もいらっしゃいます。先日お会いしたベンチャー企業の方は、「これからの子どもの教育のためにやれることをしています」と話していました。こういった人のほうが、何倍も魅力的に感じます。

これは転職活動でも言えることです。

「与えられた10分間でめいっぱい自分のことをアピールするぞ」などと考えがちですが、面接では数を打っても当たらないのです。

まずは会社側がどんな人を求めているのか、よくヒアリングします。**その会社が必要としている人材を確定した上で、そこにピンポイントでアピールすればいいのです。**

内定を勝ち取る人は無駄打ちをしないのです。

57

〝絶対に的をはずさない あと出しジャンケン質問法〟

今までデキる人を演じて面接官に「この人はやりそうだ」という印象を与える、といった話をしてきましたが、演じたキャラクターがその会社が必要とする人材とは全く違っていたらどうでしょうか？

どんなにいい演技をしたとしても、面接には落とされます。「なんとなくこんな感じじゃないか」といった推測で臨んでいたのでは、成功率は低くなります。面接に受かるも受からないも結局運でしかない、ということになるのです。

「会社が必要としている人材がわかれば苦労しないよぉ～」と思う人もいるかもしれません。実は必要な人材が前もってわかる方法があります。

それは〝あと出しジャンケン質問法〟です。つまり、対比で質問するという方法です。

例えば営業職の面接で、自己紹介が終わったあと次のように質問します。

志望者「質問をさせていただいてもよろしいでしょうか？」
面接官「どうぞ」
志望者「いい営業スタッフと好ましくない営業スタッフの違いは何でしょうか？」
面接官「そうですね、言われたことをすぐに実行するタイプがいい営業スタッフで、言い訳ばかりして行動しない営業スタッフがダメな営業スタッフですね」
志望者「ありがとうございます。参考になりました」

…それからしばらくやり取りをする…

志望者「私は言われたことをすぐに実行する行動力だけは自信があります」
面接官「それはよい考えですね」

このように、面接官に先に質問をして会社の必要としている人材をヒアリングします。

答えを知ってしまえば、誰にでも正解を言うことができるのです。

58 面接官に好印象を与えながら人材ニーズを聞き出す

「答えを聞いてから正解を言う」。単純ですが、この方法は非常に強力です。質問により面接官が自ら口にしたことにもかかわらず、「この人はよくわかっている人だ」という印象を与えられるのです。

私は、営業スタッフ時代にこのテクニックをよく使っていました。

私が扱っていた建物は工場で85％生産するタイプで、人によっては拒否するお客様もいます。お客様のニーズを聞かずに「当社の建物は工場で管理して生産しています」などと言った時点で、「そういったタイプは好みではありません」とシャットアウトされてしまうことも度々あったのです。そこで、チャンスをつぶさないようにまずはこう質問します。

私　「工場で生産する住宅と人が1軒ずつ作る住宅では、どちらが好みですか？」

お客様「う〜ん……どちらかというと、人が1軒ずつ作る住宅が好みです」
私　「そうですか。当社は工場内で人が1軒ずつ建物を作り上げています」
お客様「それはいいですね」

もしお客様が、「工場で管理したほうが、正確に作れそうなので好みです」と答えたら、「当社は工場で管理して、85%生産していますので正確に作り上げられます」と答えます。答えを知った上で回答するので、お客様に合わせることができるのです。また、質問することで「この人は私たちの話をよく聞いてくれそうだ」という印象も与えられます。

簡単なテクニックなのですが、非常に効果的です。

面接がスタートしたら、すぐに必要な人材について質問してください。

知り合いの人事部の人によると、自ら質問してくる人は意外に少ないと言います。「何か質問はありませんか？」と促しても何も言わない人も多いと言うのです。

積極的に質問することで面接官の印象に残ります。

質問ひとつで積極的な人だという印象を与えた上で、さらにその会社が求めているニーズを聞き出せるのです。これ以上いい方法はほかにはないほど効果的です。

59

面接の最後にダメ押しする

面接の前半で必要な人材について質問することも大切です。ここでは、あと出しジャンケン質問法を応用して最後にダメ押しする方法をご紹介します。

面接の最後に「何か聞いておきたいことはありますか？」と言われることがあります。もし、聞くことがない場合は面接官とこのようなやり取りをしてみるといいのです。

営業職を希望しているシーンをご紹介します。

面接官「こちらからの質問は以上になりますが、最後に聞いておきたいことはありますか？」

志望者「はい。長く活躍するスタッフと短期間しか結果を出せないスタッフの違いは何だとお考えでしょうか？」

面接官「お客様の立場になって行動できるスタッフは、長期間結果を出しますね。逆に自分本位だと一発屋で終わることが多いです」
志望者「大変勉強になります。私はお客様の立場で行動できるスタッフになれるように頑張ります！」

最後にこのようなやり取りをすることはとても効果的です。面接官の考えに対し、志望者が**深く納得した姿勢を示すことにより、「この志望者は私の考え方に共感してくれた」という印象を与えられます。**

面接官は一緒に働く人を探しています。どんなに「この人はやりそうだ」といった印象を持ったとしても、求めている人材とマッチしていないのでは採用にはなりません。自分の考えに同意してくれる人のほうが、評価は高くなって当然なのです。

面接ではいろいろなことが起こります。時には「予想していたものと全く違っていた」なんてこともあります。

失敗したとしても最後のこのやり取りで好印象を残すことは可能です。

面接の最後に使ってみてください。

60

共感を得るバックトラッキング法

コミュニケーションテクニックのひとつに〝バックトラッキング〟というものがあります。バックトラッキングとは、いわゆるオウム返しのことで相手が言ったことをそのまま言い返すのです。

例えば「最近、忙しい」と言う人には、「最近、忙しいんだね」とそのまま返します。すると、相手は「話をよく聞いてくれて、私のことを理解してくれる」と感じるのです。

そんなの当たり前だと思うかもしれませんが、自分では気がつかないうちに相手の話を否定するような受け答えをしている人が少なくないのです。

無意識のうちに「いやいや」「そうじゃなくて」と言う人がいます。こういう人には「話を聞いてくれない」といったイメージを持つのです。

過去の私もそうでしたが、苦戦している営業スタッフはお客様との商談で否定的なことを言われると「いやいや、そんなことはありません。それは……」とすぐに反論してしまいます。たとえそれが正しい説明だとしても、いい関係にはなれないのです。

一方、成績のいい営業スタッフはどんなに言い訳をしたくても、一度お客様の言っている内容を受け入れます。お客様が「おたくの商品は少し高い」と言ってきた際、否定せずにまずは「少し高いということですね」とバックトラッキングします。

このように相手の言ったことをバックトラッキングして一度受け止め、それから意見や対策を言うのです。

面接の場面でもバックトラッキングは有効です。面接官に「今まで様々な業界を転々とされたのですね」と言われたとします。すぐに「いやそうではなく。これは……」と弁解をしたくなるかもしれません。しかし、「はい、今まで様々な業界を経験してきました」とバックトラッキングしてから、「業界は違うように見えますが、仕事内容は共通しております」と発言するのです。

些細《ささい》な違いですが、こういったことが好印象につながります。

人は誰でも自分の話をよく聞いてもらいたいですし、理解してもらいたいと思っているものです。バックトラッキングを使い、面接官と気持ちのいいやり取りをしてください。

61

自信を持って、結論からハッキリ言い切る

同じ内容の話を聞いたとしても「デキる人だ」と感じることもあれば、「なんだかイマイチだ」と感じることもあります。その違いはなんでしょうか？

デキる人は〝自信を持って結論をハッキリ言い切る〟といった特徴があります。

以前お会いした営業コンサルタントの方は「私は集客については、それほど重視していません」とハッキリ言ったあと、「その理由ですが……」と理由を説明してくれました。事例も交えながらの説明のため、非常にわかりやすかったのです。数分話しただけで「この方はすごい能力を持っている」と感じました。

一方、話をしっかり聞いていてもよく理解できない人もいます。そのような人は、だらだらと話が長いのが特徴です。また結論が曖昧なため、意味が伝わってきません。数分話しただけで、「この人は結果が出ていないだろうな」と感じます。

私の知っているトップ営業スタッフは総じて〝結論を先に言う〟といった習慣を身につけていました。しかも自信を持って言い切ります。多少違っていたとしても、「その通りだな」と思ってしまうのです。

あなたのまわりの友人でも、話がわかりやすい人とわかりづらい人がいると思います。わかりやすく話をする人はやはり結論を先に述べ、それから理由を言っているはずです。

結論から先に言うといっても、「最近のニュースで気になったことはありますか？」という面接官の質問に対して「気になることは3つあります！　まずひとつ目は……。2つ目は……」といったような、理論的思考トークをしろと言っているわけではありません。

このような理論的思考トークはいわゆる就活のマニュアルトークであり、面接官は聞き飽きています。

そうではなく、「最近の気になるニュースは◯◯です。その理由は……」とあくまでも自然な会話を心がけてください。

面接のときだけではなく、日常の雑談をするときから結論を先に言う習慣を身につけましょう。普段から練習していれば、面接時に自然にできるようになります。

62

1回1回の面接に全力を出し切る

私がハウスメーカーで研修をさせていただいたときのことです。

その会社の研修担当者からは、「社長も菊原さんの営業レターを使った方法を気に入りまして、これを縁に末永くお付き合いください」と言われていました。このようなときは1回で終わらず、3回、4回と研修の依頼が続くものです。

本来であれば気合いを入れて臨まなくてはならないのですが、そのときはたまたま研修が4日ほど続いていました。疲れもピークになり、思わず手を抜いてしまったのです。

そのようなことは、相手にも正確に伝わります。研修終了後、研修担当者からは「ありがとうございました。またよろしくお願いします」と言っていただいたものの、二度と声はかからなかったのです。この会社は大手です。もしここでの研修の評判がよければ、数回の研修依頼があったでしょうし、もしかしたら全国に展開したかもしれません。「なぜあのとき、全力を出し切らなかったのだろう……」と心から後悔しました。

営業活動でも経験したことがあります。

ずっといいペースで進んでいたお客様がいました。「このお客様は間違いなく大丈夫だろう」という安心感からか、一度だけ手を抜いて商談してしまったことがあります。どんな事情があったとしても、一度でも気の抜けた商談をすれば「この人以外の営業スタッフにも声をかけてみようか」などと思われてしまいます。

案の定、その翌週から競合が入り、結局他社に契約を持っていかれたのです。どんなお客様であったとしても、1回1回全力を尽くす必要があったのです。

「1回1回に全力を尽くす」。これは転職活動でも言えることです。

転職先はたくさんあります。リモートになれば、1日に複数の会社と面接することもあります。もちろん場数を踏むために、とりあえず受けてみるという会社もあるかもしれません。しかし、「この1回の面接ですべてを出し切る」という決意で臨んでください。**適当に受けたのでは、何の発見もなく、得られることは何ひとつないのです。**

今まで演技することが大切だとお話ししましたが、手を抜けという意味ではありません。

1回1回後悔しないように全力で臨んだあなただけ、面接を突破し採用になるのです。

第6章

新しい自分をインストールする

63

今の自分、性格は単なる思い込み

私には20、30年の付き合いの友人がいますが、何年たっても昔のままという人も結構います。おもしろい人は相変わらずおもしろいですし、地味な人は相変わらず地味です。高校の同窓会などに出席すると、「ほんとに昔と変わらないなぁ」といった話になります。

そうかと思うとガラッと変わる人もいます。

研修先でお会いした営業スタッフは経験が浅かったこともあり、どこか不安そうで何を話しているのかわからない印象でした。存在感もなく、オーラもありません。メンタルも弱く、「この人が営業を続けられるのかな」と不安だったのです。

ところが、久しぶりに会うとまるで別人のようになっていました。存在感が増し、さらにはオーラまで感じたのです。

その営業スタッフが変わった理由について聞くと「先輩から〝ゆっくり堂々と行動するように〟と教えてもらったから」と言います。

聞いて驚くようなテクニックではなかったのですが、その営業スタッフはそれを心底信じていました。それが短期間で身につき、自分を変えたのです。

あなたは今どんなタイプでどんな性格でしょうか？

存在感がない、センスがない、凡人だ……など、今の自分がどんなセルフイメージだとしても、「私は生まれつきこういう人間だから」と決めつけないでほしいのです。

今のあなたは過去のあなたが〝これが自分らしい〟と思い込んでいるだけに過ぎません。

『「モード性格」論』（サトウタツヤ、渡邊芳之著）によると、性格は変わらないという思い込みこそが、あなたの性格が変わらない一番の理由だとされています。

人はモード（形式、あり方）を変えるように、性格も変えることができるというのです。

あなた自身も性格を固定的なもの、変わらないものと考えているのではないでしょうか。

これは過去の思い込みであって、自分で作った壁です。自分の可能性を狭めてしまう壁はぶち破ってしまいましょう。

人生はいつでも変えることができるのです。

64 面接でうけるキャラクターをインストールせよ

恥ずかしながら、過去の私は自分に変わろうと自己啓発本を読み、「私はデキる、私はデキる」と自己暗示をかけたことがあります。暗示をかけただけでやり方を変えていなかったのですから、うまく行くわけがありません。

私が頑張ってお客様を訪問しても結果が出なかったように、自分に合わない間違った努力は「やったつもり」を生むだけです。**自分を変えるという発想ではなく、新しい自分をインストールするというイメージを持ったほうがうまく行きます。**

あなたのパソコンにはいろいろなソフトがインストールされています。ＯＳ（Windows、Mac）をはじめ、文章や計算ソフトなど、様々なものが入っています。「音楽を編集したい」と思えば、まずは音楽のアプリかフリーソフトを探してインストールすると思います。最初は使い方がわからず、戸惑うこともあります。しかし、使っているうちにだんだんと慣れ、使いこなせるようになります。

アプリやソフトをインストールするように、あなた自身にも面接でうけるキャラクターをインストールしてほしいのです。

- **自信を持ってハッキリ自分の意見を言える人**
- **元気で前向きな人**
- **社交的に誰とでも話ができる人**

など、理想的なモデルに近づくために必要な人格をインストールするのです。アプリやソフトと同じように、インストールしたては使いにくいかもしれません。しかし、だんだんと慣れてきて使いこなせるようになります。自分を変えるのではなく、今までの人格にもうひとつ新しいソフトをインストールするだけです。

もしそのソフトが自分に合わなかったら、そのときはアプリやソフトと同じようにアンインストールすればいいのです。

安心して面接でうけるキャラクターをインストールしてください。

65

あなたは既に多重人格である

面接の成功の秘訣は〝デキる人のキャラクターをインストールする〟ということです。必要に応じて新しいキャラクターをインストールするのですから、必要がなくなればアンインストールすればいいのです。そう考えれば気楽になれると思います。

しかし、「新しい人格を使いこなせないのでは?」と感じる人もいると思います。心配することはありません。あなたは既にこの作業を何年も前から実行しているのです。よく考えてみてください。自分のキャラクターはひとつだけではなく、いろいろな顔を持っています。私のキャラクターを少し紹介します。

- **営業コンサルタント**
- **大学の経済学部講師**

- **ビジネス書の著者**
- **父親、息子**
- **ゴルフ、野球のプレイヤー**

など、細分化すればもっと出てきます。これを器用にこなしているのです。

例えば、大学講師をするときはその場面に適切なキャラクターを立ち上げますし、仲間と野球をするときは全く違うキャラクターを立ち上げます。

これはあなたも同じで、既にいろいろなキャラクターをインストールして使いこなしているのです。友達の前と会社での自分は違いますよね？　だからといって「今から友達用のキャラクターにチェンジするぞ」とは意識してやっていないはずです。意識せずに自然にできていることなのです。

経験が長くなればなるほど、こういった使い分けが上手になってきます。一般的に転職では若いほうが有利だと言われていますが、**キャラクターの使い分けは年齢を重ねたほうが有利です。**

このメリットを十分活かしてください。

66

理想の自分は作り上げるもの

私が懇親会に参加したときのことです。

隣になった男性はいかにも社交的な人という空気感を醸し出していました。話しやすいため、初対面にもかかわらず話が盛り上がったのです。

しばらくしてその男性が、「実を言いますと、少し前まで人見知りがひどくて困っていました。懇親会ではひとりも話せずに帰ることもありました」と告白してきました。

そんな雰囲気は微塵も感じません。男性はずっと控えめな性格だったのですが、あるときから「社交的になっていろいろな人と話せるようになる」と決めて振る舞ったことで明るく社交的に変わったと言うのです。その人が印象的なことを言っていました。

男性「社交的なキャラクターを演じているうちに本当に社交的になりました」

私　「そういうことってありますよね」
男性「しかし、今でもひとりで本を読んでいるほうが好きだったりするんです」

このように、**対外的な自分が変わるのであって元の自分が消えてなくなるわけではありません**。その要素は必ず潜んでいるのです。

あなたの友人にも小学校のときにはおとなしかったのに、高校生になったらものすごく元気になった人がいるでしょう。その友人もはじめに演じていたキャラクターが浸透し、対外的な素の自分になったのです。

これは40、50代になってからも起こります。ある程度の年を過ぎれば、経験や固定観念があり、学生時代からの変化よりは変わらないかもしれません。

ガラッと変わるのは無理だとしても、今までの自分を残しながら新しい自分をインストールすることは可能です。

今の自分のまま「面接で評価されるキャラクター」をインストールすればいいのです。

〝理想の自分はもともと持っているものではなく作るもの〟と考えれば、柔軟に変わることができます。

67

演じた自分がやがて素の自分になる

面接でうける人を演じてほしいというお話をしてきました。

このような話をすると「自分にウソをついて採用になったら入社してから困るのでは？」と思うかもしれません。

それは心配しなくても大丈夫です。これは、転職が決まって就職してからも使えるテクニックです。今まで自信を持てなかったのであれば、〝自信を持って受け答えができる人〟をインストールすればいいですし、仕事が遅くて困っていたなら〝仕事をサクサクこなせる人〟をインストールすればいいのです。

あなたが「この人はいつも自信があってすごい人だ」と思っている人も、はじめから自信満々だったわけではありません。どんな人でもはじめての世界に飛び込むときは不安ですし、経験がないのですから自信などあるはずもないのです。

その人もはじめは「デキるフリ」「ハッタリ」で自信のあるフリをしていたはずです。次第に醸し出す雰囲気に自信が満ち溢れてきたのです。

本田技研工業（ホンダ）を創業した本田宗一郎氏の、朝礼で20人の社員を前にみかん箱の上に乗って「世界的なメーカーになるんだ」と宣言していたという話を聞いたことがあると思います。はじめはハッタリだとしてもそれが実現したのですから、すごいことです。

起業家の本を読んでいると、必ずこれに近いエピソードが出てきます。講演が抜群にうまい方も「はじめは緊張していないフリをするのが大変だったが、そのうちに本当に緊張しなくなった」と話しています。

どんなすごい人も、はじめはデキる人の演技からスタートしたのです。

本書は転職を成功するのが目的ですが、まずは面接のときだけデキる人を演じてください。そして晴れて入社が決まったときは、ポイントだけで構いませんので、理想の自分を演じてほしいのです。

はじめは理想の自分を演じては、また元に戻るというくり返しになるかもしれません。**次第に慣れてきて理想の自分を演じるときのほうが楽になってきます。そしてそのキャラクターがだんだん浸透し、それが素の自分になってくるのです。**

68

「木を見て森を見ず」にならないように鳥瞰的な目を持つ

信じる力は強力なパワーがあります。

ただし、ハマり過ぎて盲目的になるのは危険です。のめり込むと間違いに気がつかなくなります。信じ込むと同時に、客観的に自分を観察する目も必要なのです。

建物の図面には鳥瞰図というものがあります。鳥瞰図とは、上空から斜めに見下ろした図面のことで、飛ぶ鳥の目から見たように見えることから鳥瞰図と言います。この鳥瞰的な目を持つことも大切なのです。

ある日、お客様と商談していたときのことです。

お客様はパソコンを使い、自分で間取りを作ってきました。このような研究熱心な人は得てして、木を見て森を見ずになってしまいがちです。このお客様もかなり不思議な間取り図になっていました。

そこで設計スタッフにお願いして、お客様の図面の鳥瞰図を用意しました。それをお客様にお見せしたところ、照れくさそうに「やっぱり素人が作るとバランスの悪いおかしな家になりますね」と言い出したのです。

このように一歩離れたところから見ると間違いに気がつくことがあります。

これは面接でも大切な考え方です。自己分析やマナーなどの細部に目が行き過ぎると、「面接官は誰なのか」「面接でいい結果を出すタイプはどんな人なのか」といった重要な要素を見失ってしまいます。

以前、第一希望の会社に落ちた学生に「一歩離れて自分以外のものをよく観察したほうがいい」とアドバイスしたことがありました。彼は鳥瞰的な視点を持つことで、いろいろな修正点に気がつきました。それからは、一次面接をことごとくパスするようになり、そしてその3カ月後には見事、希望の会社から内定をもらったのです。

「信じ込む自分とそれを鳥瞰的に見るもうひとりの自分」というイメージを持つようにしてください。

一歩引いた見方ができるようになったあなたは、様々な大切なことに気がつき、格段に面接の合格率がアップするのは間違いありません。

69

失敗が続いたときは少し長いスパンで考える

面接で受け答えに失敗し、不採用になったとします。「なんてバカなミスをしたんだろう……」と深く落ち込むこともあります。反省するのは構いませんが、ひとつの失敗に固着し過ぎるとほかの会社の面接にも悪影響を及ぼすものです。また不採用が続くと、「私はどこからも必要とされていないのでは……」と不安になることもあると思います。

そんなときは目先の失敗に落ち込むのではなく、少し長いスパンで考えるようにしてください。**長い目で見ることでキツい経験が貴重なヒントに変わったりするのです。**

営業スタッフ時代の私は、何度も失敗を経験しました。

あるとき、3組のお客様と1カ月間にわたり苦労して商談を続けました。しかし、その努力は実らず、すべての商談に失敗してお客様に断られたのです。しかも、「あなたに家づくりを任せるのは不安です」などと傷口に塩を塗りこまれるようなことも言われました。骨折り損のくたびれもうけで「いったいこの頑張った1カ月間はなんだったんだ……」とヒドく落ち込みました。

こういった敗戦が続くと、今後の営業活動にも支障が出てきます。私はしばらく対人恐怖症になってしまったのです。

失敗したり、うまく行かなかったりしたときは視野が狭くなり、自分の殻にこもりがちになります。そんなときは、長いスパンで考えるのです。

もし、不採用が続いている場合、長い目で見れば「今までの失敗経験は、その後の面接に必ず役に立つぞ」と思うようになります。さらに「この機会にいろいろな会社の内情を見ておくぞ」と思えたりします。

就活時は会社の内部まで入れる唯一のチャンスです。 その会社の方とじっくり話をする機会はなかなかできません。**将来ライバルになるかもしれない会社のリサーチのチャンスでもあるのです。**

失敗が続いたときは長いスパンで考えましょう。

70
ないものではなく あるものに目を向ける

私がダメ営業スタッフ時代のときのことです。

他県のトップ営業スタッフYさんと話す機会がありました。これは契約を取る秘訣を聞けるチャンスだと思い、いろいろと質問をしました。

Yさんは見るからに自信満々です。自信の裏づけを聞くと、「私は今までたくさんのお客様の担当をさせてもらったから」と言います。その回答に対して私が「いいですね。私なんて7年間もやっているのにYさんの1～2年分しか担当がありません」と返すと、Yさんは「数なんて関係ない。7年間住宅営業をやっていること自体が信頼につながるんだよ」と言ってくれたのです。

お客様から見れば7年間のキャリアがあることは安心ですし、信頼につながります。

「入社してまだ3カ月で1件も担当がないんですよ」という営業スタッフよりは、はるかに有利です。そのトップ営業の言葉からは「ないものではなく、今自分にあるものに目を向けたほうがいい」と言われたような気がしたのです。

自分にないものにフォーカスすると自信を失い、自分にあるものにフォーカスすると自信を持てます。

これはあなた自身にも言えることです。

ビジネスパーソンで「私には誇れるものが何もありません。華々しい実績でもあればいいのですが」と言う方がいます。ないものに目を向けるから自信をなくしてしまうのです。ほとんどの人は誇れる実績など持っていません。しかし、それでいいのです。

あなたは面接に向けて様々な準備をしています。この本を読んでいることもそのひとつです。さらには面接する会社を調べたり、面接に合格するモデルを作り、練習をしたりしていることと思います。

あなたは既に新しい自分に変わりつつあります。こういった**理にかなった努力自体が財産であり、持っているもののひとつなのです。**

ないことではなく今あることに目を向けてください。過去の自分に自信を求めるのではなく、今の自分と未来の自分に自信を求めるようにしましょう。

71 過去の経験だけでなく〝こうなりたい〟という未来の話をする

私はトップ営業スタッフや著者、コンサルタントなど、いろいろな業界で活躍する方にお会いしています。

こういった人はたくさんおもしろいネタを持っていますし、話もうまいのです。その中には〝話がおもしろく魅力的〟という人もいれば、〝話はおもしろいがなんだか魅力を感じない〟という方もいらっしゃいます。

話がおもしろいのに魅力を感じない人は〝過去の話〟をする比率が高いのです。よくある「私たちが若い頃はバブルの時代でね、札束を……」「学生時代は甲子園に出ました」といった話です。ネタとしては豪快でおもしろいのですが、どれも過去の話です。

少し話を聞いただけで「お腹いっぱいだ」と感じてしまいます。

一方、**魅力を感じる人は〝こうなりたい〟といった未来の話の比率が高い**のです。

「今後はこのツールがメインになりますから今から参入しています」「努力を積み重ねてこのように進化します」といった話です。話を聞いていておもしろいですし、役に立ちます。また何よりも魅力的ですし、気持ちが上がっていくのです。

過去の経験やエピソードも役に立ちます。ただ、過去の話の割合が多い人はどうしても「過去に活躍した人で今は停滞している」といった印象を受けます。過去の話だけではなく、意識的に未来の話もしてほしいのです。

英語を教えている先生が「英語の文法は過去形が多い。その理由は多くの人たちが過去の話ばかりするから」と言っていました。

外国人でも、過去の話が多いと聞いて驚いたものです。だからこそ、未来の話をする人は魅力的に思えるのだと思います。

面接ではどうしても「こんな実績を残してきました」と言いたくなります。しかし、そのような話は最小限にとどめ、これからどうなりたいかを伝えるようにしてください。

過去の話をする人より「このようになれるように毎日努力しています」といった話をする人のほうが魅力的に見えます。

72 面接の成功率はトライアルアンドエラーの数に比例する

面接に臨む際、〝準備することが大切〟ということは既に述べました。

- **デキる人、評価される人を知る**
- **会社が求めている人材をリサーチする**
- **新しい自分をインストールする**

など、こういった理にかなった準備をする人だけに幸運が訪れるのです。準備のあとは実践するわけですが、すべてがうまく行くと考えてはいけません。

面接がはじまって「あれ？　あんなに準備したのに、どうしてうまく行かないの……」と戸惑うこともあります。そんなときは不安を覚える必要はありません。どんなことだってはじめからうまく行くほうが珍しいのです。はじめから「すべてを完璧に演じよう」と思えば緊張が高まり、いい結果には結びつきません。

あなたが入社できるのは1社だけです。「20社受けても入れるのは1社だけ」と考えたほうが心に余裕ができ、はるかにうまく行きます。失敗したら、「この部分の失敗は次回の修正課題になる」と前向きな要素としてとらえてほしいのです。面接中に「なるほど、こういう言い方をすると面接官は興味を失うんだな」などと思えれば最高です。

面接に慣れている人のほうが少ないものです。しっかり準備したとしても、本番になったとたん緊張して思ったように話せないこともあります。しかし、それでいいのです。**そこで出たミスや問題点を把握して修正していけばいいのです。**

修正点を信頼できる誰かにチェックしてもらったり、面接官役をしてもらったりするのもいい方法です。そうすることで、面接の成功率は格段に上がっていきます。

準備して実行し、そのあと修正してまた準備する。

トライアルアンドエラーの数が増えれば、必然的に面接の成功率は高まって行きます。

73

私が講演恐怖症を克服した理由

私は11年間の営業スタッフ生活のあと、営業コンサルタントとして独立しました。口下手で人見知りするタイプでしたが、長年の営業活動の中で1対1のコミュニケーションは比較的に上達したと思います。

個人コンサルティングは1対1でのコミュニケーションなので問題ありませんが、多くの人の前で話す仕事も避けられません。私は人前で話すことが何よりも苦手でした。それはトップ営業スタッフになってからも、克服できなかったことのひとつです。

トップになると表彰式でスピーチする場面があるのですが、それが嫌で何日も前から悩んでいたくらいです。

そんな私が営業コンサルタントとして大勢の人の前で話すのですから、想像を絶するくらい毎日不安になったものです。はじめて講演が決まったときは、とても恐ろしかったことを今でも覚えています。もちろん、そのときは講演に向けて必死に準備しました。そして「ここまで準備したのだから、あとはなるようになるさ」と腹をくくったのです。

しかし、講演は残念ながら失敗に終わります。緊張のあまり、予定時間を前倒しにしてしまい、大幅に時間を余らせてしまったのです。大勢の前で黙って立ち尽くすしかありませんでした。私も困りましたが、担当者も困っていました。これほど冷や汗をかいたことは、あとにも先にもありません。

そのときの**私は、はじめての講演だったのにもかかわらず完璧を求めてしまいました。だからこそ舞い上がってしまい、大失敗に終わってしまったのです。**

それからしばらくして同じようなテーマの講演依頼をいただきました。前回の失敗点を見直し、その部分を修正して練習しました。そして講演当日、「今回もきっとミスするだろう。逆にミスしたほうが参加者との距離感が縮まっていい」と考えました。すると不思議なことにほとんど緊張しなかったのです。それでもまだ上手ではありませんでしたが、私としては最高の出来だったのです。

面接では完璧にこなすのではなく、「少しくらい失敗したほうがいい」と思って臨んでみてください。そのほうが気持ち的にも楽になりますし、好感を持ってもらえます。

74

“過去にうまく行った方法”を手放す

以前、個人コンサルティングをしたときのことです。

営業スタッフから「やっと結果が出はじめました」と報告をいただきました。これは本当に嬉しい瞬間です。この営業スタッフは若いわりに貫禄があり、しかもトークが本当にうまいのです。もともと声質がよく、聞き取りやすい話し方をします。その上、天性の会話力があり、話をしていて圧倒されました。

彼の悩みは「リモート営業が多くなってから成績が下がった」といったことでした。話を聞き込んでいくと、ひとつ引っかかる点が出てきました。

それは「対面したときがチャンスであり、それをものにしないと次はない」と思っていることです。顔を合わせたときはすべてクロージングのチャンス、という考え方は間違ってはいませんが、リモートだとさすがの彼でも厳しいです。

今までは、その場でクロージングして契約を取ってきました。しかし、画面越しでは彼の魅力が伝わりきらず、今のお客様はこういったスタイルを好まない傾向にあります。そのため、どんどん成績は下降していたのです。

まずは、「対面したときに必ず契約を取る」といった考え方をいったん忘れるようにアドバイスしました。その上で〝お客様からほしいを引き出すトーク〟を一緒に考えたのです。彼の営業スタイルとは逆の引きのスタイルです。

彼は苦戦が続いていたこともあと押しし、少しずつスタイルを変えていきました。そして結果を出したのです。

過去にうまくいった方法を手放すのは、誰にでもつらいものです。苦渋の選択になるかもしれません。

しかし、時代が変わればやり方も変わります。今、両手に持っているものを手放してほしいのです。**手放した途端、新しい何かをつかむことができます。**

転職を機に新しい自分としてスタートするきっかけにしてほしいのです。

第7章

リモート面接での魅力の伝え方

75 リモート面接になったことでチャンスが広がった

新型コロナウイルス感染症の影響で〝売上がかなり減った〟という方もいらっしゃると思います。飲食店や旅行業はかなりの痛手を被っています。

私自身も講師業をしているため、〝研修ができない〟というのは非常に大きいダメージでした。しかし、私が提供しているメインコンテンツは〝訪問しないで売る〟というやり方です。幸運にも時代にちょうどマッチしたため、多くの企業からリモート研修のご依頼をいただくようになったのです。

ほんの少し前まで、リモートで研修を行うなんて思ってもみませんでした。

リモートでは、移動時間がないため、より多く研修を請けられるようになります。リアルの研修では、1日に2本の研修をするというのはかなり難しく、開催場所が離れていればまず不可能でした。また日程が重なった場合、残念ながらお断りしなくてはならなかったのです。それがリモートになればダブルヘッダーは当たり前で、場合によってはトリプルヘッダーも可能です。本当にすごい時代になりました。

これは面接でも言えることです。

対面の面接は1日1社が基本で、同じエリアなら2社程度が限界でした。少し前まで、私のクラスの学生が「A社の説明会に出たいが、B社の面接があるから諦める」といった話をしていたものです。それがリモートになったことで可能性が広がります。

「午前中に1社リモートで面接して、午後に2、3社のリモート説明会に参加する」といったこともできるようになったのです。

私が勤務する大学は群馬県にあります。他県の会社に行くとなれば1日がかりですし、交通費もバカになりません。「九州や大阪までは行けないから諦める」といったことをしなくてもいいのです。

そういった意味では**リモート面接はメリットが多くあります。**

リモートの発達によってチャンスが大きく広がったのです。

76

リモートでは面接前から勝負がはじまっている

今まで付き合いがなかった会社から、Zoomでのセミナー依頼があったときのことです。セミナーの内容についての打ち合わせもZoomで行います。問い合わせしていただいた方から話を十分にお聞きし、「研修をぜひさせてほしい」と思い、お請けしました。

私のリモート営業のノウハウとこの会社のニーズが合致しており、「この会社の方とは長く付き合えそうだ」という印象を持ったのです。

それからしばらくして運営担当の方に窓口が変わりました。その担当者から届いたメールが〝ほかの講師と勘違いしている〟といった勘違いメールだったのです。

最初の接点が勘違いメールですから、どうしても印象がよくありません。何より「あぁ、なんだか雑に扱われているなぁ」と感じてしまったのです。そのせいか、どうしても欠点が目につきます。担当者とは最後までうまくやり取りができませんでした。

リモートでは会う前のやり取りが非常に重要なのです。

リアルの対面では第一印象が非常に大切だという話をしてきました。短い時間で判断されますが、あくまでも〝出会ったとき〟が勝負なのです。

しかし、リモート面接では面接前のやり取りが大きく影響します。キチンとメールで対応してくれる方に対しては、「きっといい仕事をしてくれるのだろう」と期待します。

逆にメールのマナーができていなかったり、間違えた内容を送ってきたりする人は「いい仕事はできないだろう」とネガティブな印象を持つものです。

おらそく面接をしても不採用になると思います。

これからはリモート面接が増え、実際に顔を会わせる機会が減っていきます。つまり、**メールやSNSなどのデジタルツールのやり取りが重要になるということです。**

はじめにミスをしてしまうと、取り返すのが至難の業になります。

細心の注意を払ってメールを送るようにしてください。

リモート面接は、面談する前から勝負がはじまっている、ということを忘れないようにしましょう。

77

画面越しの会話は〝0・9倍速〟で話す

私が研修している会社の担当者と打ち合わせをしたときのことです。

以前よりメールや電話でやり取りをしており、「しっかり仕事ができる人だ」という印象を持っていました。

しかし、Zoomで打ち合わせをする際、気になることがありました。電話で話をしたときも少し気になっていたのですが、早口で強弱がない話し方をするのです。

キチンとした内容を話しているものの、「なぜか内容が入ってこない」のです。もしかしたら、実際に会えば雰囲気などから優秀さが伝わったかもしれません。しかし、画面越しではそういった雰囲気を感じにくいのです。これはとても残念に思います。

話し方については、私も反省すべき点がたくさんあります。

以前、行った営業研修でのことです。

研修時、欠席者のために撮影させてほしいと言われ、快諾しました。それから1週間後に撮影した動画が送られてきました。自分が話している姿を見るのは好きではありませんが、ここは成長のためです。目をそらしたくなる気持ちをグッとこらえ、見ることにしました。

予想していた以上に早口で強弱がなく、熱意を全く感じない話し方をしているではありませんか。動画を見ながら「これじゃあ、せっかくの営業レターの効果が伝わらないなぁ」とつくづく思ったのです。

自分が思っている話し方と、実際の話し方にはズレがあります。ここ最近はリモートでの仕事の様子を録画しています。話してはチェックし、問題点を改善するように心がけているため、以前よりは話し方が向上してきたように思えます。

私が一番注意している点は話すスピードです。イメージとしては通常のスピードの0・9倍速、つまり少しだけゆっくり話すことを意識します。

リモートの面接では何を話したかよりも、どう話しているか（声、話し方）のほうがはるかに印象に残ります。

リモート面接では、少しだけゆっくり話すことを心がけてください。

78

結果を出す人の〝間の取り方〟をマスターする

あなたの近くに、会話をしていて「心地がいいなぁ」と感じる人がいると思います。

一方、そうではない人もいます。話をしていても全く盛り上がらず、ストレスがたまる場合もあります。実際に会えば「早く帰りたい」と感じ、画面越しに会話をしていても「早くこのルームから出たい」と思うものです。

これは一体何が違うのでしょうか？

その一番大きな要素は、〝心地のいい間〟があるかどうかです。やり取りをしていて心地がいい人は、次の話題に入る前に一息つきます。だから「それって、どういうことですか？」と質問できる間があるのです。

当たり前のことですが、画面越しでもリアルでも会話にはキャッチボールが必要であり、一方通行ではありません。**お互いに質問したり、答えたりするからこそ話が盛り上がりま**

す。ひとつの話でお互いに理解し合えるからこそ、内容も濃くなるのです。

話をしていてストレスがたまる人は、その間がありません。話の内容自体はおもしろかったとしても、ずっと聞きっぱなしではうんざりします。リアルでは間を取れるのに、リモートになると独壇場になってしまう人も少なくないのです。

あなたの会社でもZoomやTeamsをうまく活用して、結果を出している人がいると思います。そういった人たちの間の取り方を参考にするのもひとつの手です。

ただ、リモートで仕事をしているところを後ろからのぞくのも難しいと思います。可能であれば、「○○さんのリモートでの話し方を学びたいので、録画したものをいただけますか？」とお願いしてみてください。

それも難しいのであれば取引先の人との打ち合わせの際、「記録のために録画させていただきます」と一言断わって録画しておき、あとで話し方をじっくり研究するのもいいと思います。人の録画を見る際、**「自分とは何が違うのか」という観点で話している様子をチェックしてみてください**。

リモート面接に臨む前に〝心地のいい間の取り方〟をマスターしてください。

次の項目に移る前に一息つくのがポイントです。

79 リモートで印象に残るメリハリのつけ方

私が営業会社の依頼で、ロールプレイング大会の審査員をしたときのことです。

このときのロールプレイングは実際の営業シーンを想定して、営業スタッフがお客様にどのように商談するかということでした。

参加者の半分がリアル、地方の方はリモートで行いました。新人からベテランまで多くの営業スタッフが登場します。なかなか評価するのは難しいものです。たくさんの方々のロールプレイングを見ましたが、その中で印象に残ったのは2人です。

まずひとり目はトークがうまい人です。テレビでやっている通販番組のような、おもしろく圧巻なパフォーマンスです。あっという間に会場の人の心をつかみ、どんどん盛り上げていたのです。スタートして1分程度は「あぁ、この人が優勝だな」と思いました。

しかし、このテンションがずっと続きます。5分経過したところで、そのハイテンションに「おもしろいけど、ちょっと疲れたなぁ」と感じてしまったのです。持ち時間が3分なら、間違いなく優勝だったでしょう。

2人目もつかみが上手で、一瞬にして会場を盛り上げます。

しかし、1分もしないうちに一気に落ち着いた雰囲気にシフトチェンジし、冷静に話を進めました。そのため、ゆっくりと話を聞くことができたのです。そして、最後はちょっとオーバーアクションでまた盛り上げます。メリハリがあって非常に印象に残ったのです。当然、この方が優勝しました。

これはリモート面接でも参考になります。

面接では、低いテンションでボソッとスタートするのではなく、ある程度オーバーアクションのほうが相手は興味を持ちます。

しかし、オーバーアクションでテンションが高いまま進んでいくと、面接官は3分もしないうちに疲れてしまいます。

〝スタートで盛り上げ、途中は冷静に。そして最後にまた盛り上げる〟といったようにメリハリをつけることを心がけてください。

それがリモートでインパクトを与える秘訣になります。

80 リモート面接は2倍大きくうなずき、回数は3倍にする

今、リモートでの仕事も多くなっており、便利で無料のツールも増えてきました。

苦手意識を持たずにどんどん取り入れていきましょう。

リモートで仕事をしたり、コミュニケーションを取ったり、セミナーをしたりして気づいたことがあります。

それは〝画面上での印象が非常に大きい〟ということです。

リモートでは〝画像オフ〟にしていない限り、常に画面上に相手の顔が表示されます。話を全くしていない状態で「この人は感じがよさそうなので話をしてみたいな」と思うこともあれば、「あの人は感じが悪そうだ」という印象を受けるときもあるのです。

これは実際に会ったときにも起こることであり、話をする前の表情はかなりの影響力を持つのです。ただし、リアルでは醸し出される雰囲気なども感じられるため、表情だけで

判断するわけではありません。

しかし、リモートになると顔の表情だけで判断せざるを得ません。画面上で「この人はとても感じがよさそうだ」という人はよい笑顔で、うなずきも大きいのです。

こういった人はボディランゲージの重要性を理解しており、「画面上でどのように相手に伝わるか」ということを意識しています。つまり、うなずき方などを工夫して相手に好印象を与えているのです。このような方はこれからも結果を出し続けます。

リモート面接では会社の方が、いろいろと話をしてくれることがあります。その際、意識的に大きくうなずいてほしいのです。イメージとしては通常の2倍の大きさでうなずき、その回数を対面時より3倍増やします。これだけ増やしてもやり過ぎにはなりません。

パソコンやスマートフォンを使用してのリモート面接では、首から上しか映らないことがほとんどです。ですから、どれだけ手を動かしてもジェスチャーは画面に映りません。

リモート面接では、画面上でのやり取りでいかに心をつかむかが重要になってきます。

そのためのボディランゲージとして、うなずき方を意識してほしいのです。

81

あなたの笑顔は相手に伝わっていない

写真を撮るときに、人から「もっと笑って」と言われたことはありませんか？

自分の中では笑顔でも、相手には不機嫌そうな表情に見えることもあります。

これは私自身も痛感したことがあります。以前、私が行っている企業研修の様子を録画していただいたときのことです。自分では笑顔を意識していました。しかし、実際は「何か不満でもあるのか」と思うほど気難しい顔をしていたのです。

客観的に自分の姿を見て愕然《がくぜん》としました。自分の姿を見て反省した私は、次の研修からは通常の2倍の笑顔を意識してスタートするように変えました。

それからは、最初から研修が盛り上がるようになったのです。

リモートではいつもの2倍ハッキリした笑顔を心がけてください。中途半端な笑顔は、相手から見れば「愛想がよくない」といった印象を与えてしまいます。

お世話になっている人事部長と食事に行ったときにこんな話を聞きました。

人事部長「面接時に表情が暗い人は、残念ながら詳しい話をする前に不採用になります」

私「それは、なぜでしょうか？」

人事部長「当社はお客様と接する機会が多く、暗い表情の人が入社しても結果を出せません」

私「確かにお客様からは怖がられるでしょうね」

人事部長「はい。お客様と会わなくても、そんな人がいたら会社の雰囲気が悪くなります」

いくら高学歴で実績があったとしても、暗い表情の人は面接では不利です。

自分がどんな顔で話をしているか、一度チェックしてみてください。思ったより怖い顔の自分に気がつくこともあります。

私の知り合いに表情や見せ方のコンサルタントをしている人がいます。その方は**「笑顔のトレーニングは口を『う』の形にしてから『い』の形にすればいい」**と言っていました。

日頃から表情を柔らかくするトレーニングをしてみてはいかがでしょうか？

82

相手に目線が行くようにカメラの位置を調節する

私は営業スタッフだけでなく、経営者などの個人コンサルティングもさせていただいています。社長や経営者の相談内容は「どうしたら売上が上がるか」ということもありますが、それ以上に「社員とのコミュニケーション」に悩んでいるのです。

営業スタッフが社長に「話しかけにくい」と思っている以上に、社長は「社員にどう話しかけていいのか……」と悩んでいるのです。

社長が話しかけにくいタイプは、目を合わせずにボソボソと話す社員です。そもそも常にスマートフォンを見ているため、話しかけるタイミングがありません。

一昔前であれば、社長が来れば作業を止めて挨拶したものです。時代は変わりましたね。社長も人間ですから、どうしても話しかけやすい社員と話し、その人の評価も上がります。

私が勤める大学にも、休み時間にずっとスマートフォンをいじっている学生がいます。

話しかけてもこちらを見てはくれません。そんな中、しっかりと目を合わせて話をしてくれる学生はとても魅力的に映るのです。

リモート面接では、笑顔と同じくらい目線が大切になってきます。画面越しに好印象を与えるポイントは〝相手に目線を合わせる〟ということです。

デスクトップでディスプレイの上部にカメラがついている場合は、正面から真っすぐに映ることができるので問題ありません。

しかし、ノートパソコンを使う場合は注意が必要です。そのままリモート面接に使えば、下からのアングルで写ってしまいます。相手には上から見下ろすアングルで写るため、印象が悪くなるのです。ノートパソコンでリモート面接する場合は、ノートパソコンスタンドを活用していい位置にセッティングしてください。

実際に対面したときは、相手の目をしっかり見ながら話すことに抵抗感を持つ人もいると思います。しかし、画面越しになるとリアルより目を合わせやすくなります。

いいアングルにセットして、しっかり相手を見て話をしてください。

これだけで好印象を与えながら面接を進めることができます。

83

Zoom や Teams を録画して話し方と内容をチェックする

リモートでのコミュニケーション力を向上させる、最もいい方法があります。

それは **〝リモートでのやり取りを録画してチェックする〟ことです**。既に利用している人も多いと思いますが、Zoom や Teams などのツールには録画機能がついています。

お客様やクライアントとやり取りをする方であれば、「あとで内容を確認したいので録画させてください」と承諾を取ります。承諾が得られない場合、社内の人とのやり取りや友人との会話でも構いません。録画してあとから客観的にチェックするのです。

営業スタッフUさんが Zoom で商談した際、録画してチェックしたことがあると話してくれました。

商談の内容確認を目的に見たものの、自分の話している姿を見て「なんて聞き取りにくい声で滑舌が悪いんだ……」と心底ガッカリしたと言います。

自分の声や話し方は〝自分に聞こえている声〟と〝他人に聞こえる声〟が違っているものです。また、自分の声や話し方に対して「魅力的な声でいい話をしているだろう」という幻想もあります。ショックを受けるかもしれませんが、ここはぜひやっていただきたいです。

話し方をチェックしたら次は話の内容です。

知人のNさんがTeamsで録画したものを見たとき、驚いたのは会話の内容の8割が〝トラブル、摩擦の話〟だったと言うのです。自分の話を聞いて、気分が落ち込んだと言っていました。

無意識に話をすると、「コロナウイルスの影響で倒産する会社が増えているようです」などとネガティブな内容になってしまいがちになります。**ネガティブなネタは、お互いの共感を得る上では効果的ですが、話がいい方向には進みません。**

やはり、建設的でポジティブな内容のほうがいいのです。

ぜひ一度、リモートでのコミュニケーションを録画してみてください。そして声、話し方、内容をチェックしてほしいのです。

こういったことを改善すれば、リモート面接での印象は必ずよくなります。

84

曖昧な表現を見つけ出し具体化する

リモートで研修をさせていただいたときのことです。

会社の方が研修の様子を撮ったデータを送ってきてくれました。前もって「録画します」と伝えられており、意識していたため〝話している表情〟は比較的笑顔が多く、悪くはありません。ただ、ひとつ気になったのは口癖です。

一番多かった口癖は「結構、○○」といった表現を頻繁に使うことです。

これは聞いていて、かなり気になりました。私自身は〝結構〟という言葉を使うときは〝かなりすごい〟といった意味で使っています。

ただ、これは人によってとらえ方が変わってきます。私は家族や友人など、身近な人に「〝結構〟という言葉はどんなときに使う？」と聞いてみることにしました。

- **どちらかと言うと**
- **比較的**
- **迷っている感じ**

など、私が思っている意味とかなりのズレがありました。このような**言葉と理解のズレがコミュニケーションの誤解を生むのです。**

これだけではありません。〝いつも以上〟〝少し軽めの〟〝まあまあ〟〝そこそこ〟……など、例を挙げればきりがありません。

相手は「いつも以上に」と言われても何を基準としているのかわからず、「いつもと言われてもそのいつもを知らないよ」と思っているのかもしれません。

しっかりと「月に2回を3回に増やす」と**具体的に数字で伝える必要があります。**今はできる限り曖昧な表現を使わないように心がけています。

最近リモート面接が多くなり、許可を取れば録画させていただけると思います。あとで見返すことで〝曖昧な表現〟を発見できます。

こういった表現を見つけ、1つひとつ具体化していってください。

85

リモート面接は〝デジタル・ディバイド〟で差がつく

〝デジタル・ディバイド〟という言葉を聞いたことがあるでしょうか？

デジタル・ディバイドとは、デジタルツールを利用できる人と利用できない人との間にもたらされる格差のことです。

今、多くの業界でリモート営業をしていますが、この**デジタル・ディバイドの差がそのまま売上の差となって現れています**。

営業成績と言えば、かつてはトーク力や説明力で差がついたものです。リモート営業でも、こういったトーク力や説明力があるに越したことはありませんが、音量や機材のトラブルなど、デジタルツールを使いこなしていないと相手には伝わりません。語彙力以上にデジタルツールをうまく使いこなす技術が必要になってくるのです。

これはリモート面接でも言えます。

デキる人の雰囲気を出していい話ができたとします。その音声が聞き取りにくかったらどうでしょうか？

あなたによほどの魅力があれば、「マイクの環境が悪いようですね。調整しなおしてください」と教えてくれます。しかし、ほかにもリモート面接を受ける人がたくさんいます。すると、〝さっさと終わらせて次〟と不採用になってしまうのです。

これはもったいないことです。そうならないためにデジタルツールを使いこなしておきましょう。使いこなすと言っても何も難しいことはありません。

デジタルツールははじめこそ戸惑いますが、要は慣れの問題です。まずはプライベートで慣れておきましょう。お酒が好きならZoom飲み会をしてもいいですし、家族に練習相手として付き合ってもらうのもおすすめです。**操作も数えるほどしかなく、短期間のうちに仕事でもスムーズに使えるようになると思います。**

余裕が出てくれば「こちらの音声はしっかり届いているでしょうか？」と確認したり、相手の音声の状態が悪いときは「こちらに音声がよく届いていないようです」といったようなやり取りができます。

お互いにストレスがない状態でリモート面接をスタートさせてください。

86

リモート面接に臨む際の3つの準備

今までリモート面接の秘訣について、いろいろとご紹介してきました。それをふまえてリモート面接に臨む際に注意してほしい3つのポイントを紹介します。

ひとつ目のポイントは「ネット環境のいい場所を選ぶ」ことです。今はWi-Fiが発達して、無線LANでも十分リモートでやり取りすることが可能になりました。

しかし、有線のネットのやり取りをしてほしいのです。ネットワーク回線が不安定になると面接中に映像が固まったり、通話がとぎれとぎれになったりすることがあります。スムーズなやり取りができなくなるとそれが焦りにつながり、せっかく準備したものを発揮できなくなります。ネット回線が落ちてしまいリモート面接が終了、なんてことになったら最悪です。今は安価で自宅やアパートに高速のネット回線を引けるようになりました。

今後もリモートで仕事をする際に使うため、面接に臨む前に高速のネット回線を引いておきましょう。

２つ目のポイントは「些細な音に注意する」ことです。例えば、「チェッ」と舌打ちした音もバッチリ伝わりますし、ため息も鮮明に聞こえてきます。また、扇風機などの背景音やタイピング音も聞こえてきます。

以前、Zoomで打ち合わせをした方はミーティング中にパソコンにタイピングして議事録を作っていました。キーボードが、カタカタと鳴る音は意外に気が散るものです。

些細な音も拾いますので、十分お気をつけください。

３つ目のポイントは「明るい部屋で行う」ことです。カメラの性能がよくても、照明の照度が足りない部屋での面接はおすすめしません。薄明りに映る顔は〝陰気な雰囲気〟を纏《まと》って見えます。映った顔が暗いと思ったら照明をつけたり、窓などの明るいほうを向いたりするなどして、調整してください。

リモート面接前に明るく、キレイに映る場所を探しておきましょう。

以上、リモート面接の３つのポイントを紹介しました。ぜひ参考にしてください。

87 リモートの発達が自分をアップグレードさせる

新しい自分に変わるにはきっかけが必要です。

例えば、中学や高校に入学したとき、転校したとき、部活が変わったときなど。会社員であれば他県に異動した際、今までの陰気で意地悪なキャラクターをやめて「もう少し、感じよく接しよう」などと考えたりします。

私の営業スタッフ時代に、他県から異動してきた人がいました。その人には「自己中で最低だ」といううわさがありました。しかし、実際一緒に仕事をしてみると全くそんな感じはしません。むしろ人のことをよく考えてくれる、とてもいい人だったのです。おそらく「異動を機に変わろう」と決意したのだと思います。

何かをきっかけに一気に性格をガラッと変える人もいるのです。

私も営業スタッフ、コンサルタント、大学講師と様々なステージで「今後はこんな感じでやっていこう」と自分を変えてきました。その中でも一番の変化は、リアルからリモートへ変わったことです。コロナ禍で対面の研修やコンサルティングがなくなり、ほとんどがリモート研修に変わりました。はじめこそ戸惑いましたが、いろいろとやり方を工夫しているうちにうまくできるようになりました。このおかげで実際に対面して行う講演もいい影響を受けたのです。リモートが私を強制的にアップグレードさせてくれました。

新型コロナウイルス感染症の影響で社会が大きく変わりました。

これはピンチではなくチャンスです。

対面とリモートの仕事では、結果を出すコツは異なります。常にアップグレードしていくしかないのです。

今までいろいろなものを培ってきたと思います。**リモートになったから今までの自分を捨てる、というのではなく〝アップグレードする〟と考えてください。**

あなたが使っているアプリやソフトは、時間の経過とともにエラーが出たり、動きが遅くなったりします。やはり、定期的に〝アップグレード〟する必要があります。

そのきっかけがリモートなのです。

今の時代に合わせて進化できる人が結果を出し続けるのです。

第8章

転職先での
正しい振る舞い、
コミュニケーション

88

気軽に話しかけやすい雰囲気を出す

今まで〝転職の成功法〟についてお話ししてきました。これまでご紹介してきたノウハウを駆使《くし》して、晴れて希望の会社に採用されたとします。しかし、新しい会社でうまくコミュニケーションが取れずまた転職する……というのでは、せっかくの苦労が水の泡になってしまいます。つまり、転職先にうまく馴染《なじ》んでいく必要があります。

そこで本章では〝転職したあとの正しい振る舞いやコミュニケーション〟についてご紹介します。これは今までのノウハウ以上に大切なことかもしれません。

今までは「この人はやるんじゃないか」という雰囲気を出すことに注力してきました。新しい職場では、それプラス**「この人はなんだか話しかけやすい」という雰囲気を出すように心がけてほしいのです。**

私の知人Mさんは「頻繁に知らない人から話しかけられる」と言います。たまたまではなく、Mさんは普段から感じのいい笑顔を意識しているからです。だから駅で乗り換えについて聞かれたり、道を聞かれたりと、とにかくよく話しかけられるのです。

実は私も比較的、知らない人から話しかけられるタイプです。今まで何度も「この電車は○○方面ですか？」と聞かれたことがあります。講演のとき以外は笑顔なんでしょうね。これは私が営業スタッフ時代に〝話しかけやすい雰囲気作り〟を意識的にやってきたからだと思っています。

私は営業スタッフ時代からコミュニケーションについて心がけていたことがあります。それはお客様やスタッフに対して、**「私はあなたの味方ですよ」と心の中で思いながら接する**のです。知人のMさんもやはり同じようなことを言っており、**「あなたのことをポジティブに考えます」と思いながら接する**と言っていました。

少し表現は違いますが、同じような接し方をしているのです。

転職してきたということは、よそ者になります。既にいる人たちに「この人、なんだか話しかけにくいなぁ」と思われたのでは馴染みにくくなります。

新しい職場では、能力をアピールする前にまずは話しかけやすい雰囲気作りからはじめてください。

89 自分が去ったあとも いい空気が漂うようにする

転職した際、できる限り自分から話しかけるようにしましょう。既に会社にいる人たちも、「どんな人なんだろう」と興味を持ちながらも警戒しているのです。誰ともコミュニケーションを取らず、黙々と仕事をしてはいけません。すぐに孤立して居づらくなってしまいます。

まずは一言二言でも話をするようにしましょう。

プライベートの話もいいのですが、まずは仕事について**「○○について教えてほしいのですが」と質問してみるのがベターです**。その流れでもう少し話ができそうでしたら、雑談やプライベートの話をします。これをくり返していけば、徐々に仲良くなっていきます。

これで十分ですが、この本を読んでいるあなたにはもうワンランク上のコミュニケーションを取るようにしていただきたいと思います。

ワンランク上のコミュニケーションとは、〝自分が去ったあともいい空気感が残るようにする〟というものです。

私が営業スタッフ時代、その場の空気を一瞬にして明るくする後輩Gくんがいました。

Gくんは天性の人懐《ひとなつ》っこさを持っていたのか、それとも努力で手にしたのかはわかりませんが、とにかくすごい才能だったのです。基本的に笑顔なので近づいてきただけで、なんだか楽しい雰囲気が漂います。Gくんはいつもポジティブな話題で盛り上げます。さらには、**盛り上げて去って行ったあとも〝楽しい残り香〟がある**のです。

一方、後輩Kくんは会社で疎《うと》ましがられていました。Kくんが近づいてきただけで、「なんだか雰囲気が悪くなりそうだ」といった胸騒ぎがします。本当にその予感通り、嫌な空気になってしまうのです。今まで楽しく話をしていたのにもかかわらず、一気に盛り下がります。さらには、Kくんがいなくなってから〝陰気な空気〟が漂い続けるのです。

Gくんはずっと人気者で、Kくんはいつの間にか誰からも相手にされなくなりました。

いい雰囲気を残せる人は、ポジティブな話題が基本です。

人と話をしているときはもちろんのこと、自分が去ったあともいい空気を残せる人を目指してください。

90

頑固にこだわるのではなく、柔軟に意見を取り入れる

転職したものの、なかなか実力が発揮できずにまた転職する人がいます。

こういった人の特徴のひとつに〝無駄に頑固〟というものがあります。誰だって仕事へのこだわりがあります。〝自分なりの信念やポリシーを持つ〟というのは、決して悪いことではありません。

しかし、必要以上に固執するといい結果にはつながらないのです。

私が講師をしている研修先でのことです。

営業スタッフのひとりが「お客様のランクアップがうまくできずに困っています」と相談してきました。実際に送っている営業レターを見せてもらうと、顔写真ではなく〝似顔絵スタンプ〟になっていたのです。似顔絵スタンプでいい結果が出ているケースは、ほとんどありません。お客様は実際の写真のほうが「あぁ、この人ね」と思い出すからです。

その部分に対して「一度、顔写真に変えてみてください」とアドバイスしました。

しかし、営業スタッフは「これは知り合いに作ってもらったものなので、これを使います」と言い張ります。試しにやってみてほしいと伝えましたが、頑にゆずらなかったのです。

「結果が出ないのならやり方を変える」。これができない人は苦戦が続きます。

一方、結果を出す人は考え方が柔軟です。うまく行かなくなれば、多くの人から意見を聞きます。そして「これは絶対にこういうものだ」という固定観念を持たないのです。専門家や年配者からのアドバイスはもちろん、後輩や部下からの意見も柔軟に取り入れます。

このような柔軟な方はスランプも短いですし、長く活躍し続けるのです。

皆さんも、以前の職場ではいろいろな方法で結果を出してきたと思います。その方法を捨ててください、とは言いません。

ただ、ここは新しい場所です。転職を機に、**一度リセットして新たな気持ちで仕事に臨んでほしいのです**。

頑固になるのではなく、意見を柔軟に取り入れるようにしましょう。

91 いいと思った方法は大胆にパクってもいい

転職先で活躍する人は「誰かから手取り足取り教えてもらうのではなく、結果を出す方法は自分でつかむもの」と考えています。だから積極的に学び、すぐに実行して結果を出すのです。

よく「研修制度もないし、マニュアルもないからやりようがない」と愚痴をこぼす営業スタッフがいます。これは〝自分で考えたり、発見したりする行為〟を放棄しているのと同じことです。これでは結果は出せません。

「上司や先輩が教えてくれない」ではなく、自分で発見して何かをつかむのです。

よく「仕事は教えてもらうのではなく盗むもの」と言われます。しかし、〝人のマネ〟をしたり〝パクる〟ことに抵抗感を持つ方も少なくありません。学校ではカンニングはルール違反でしたが、ビジネスでは全然問題ないのです。

以前、知人たちと「誰かのマネをするのはよいことなのか？　それとも悪いことなのか？」という議論をしたことがあります。意見は分かれましたが、私は賛成派です。「よいことはどんどんマネしたほうがいい」という意見です。

一方反対派は、「オリジナリティがなくなる」「マネはマネにしか過ぎない」といった考え方でした。マネはあくまでもマネですから、オリジナルを超えることはできません。二番煎じ、三番煎じになり結局、偽物になり下がると言うのです。

確かにこの意見も理解できますが、それでも私はどんどんパクるべきだと考えています。どんなに正確にマネをしても、その人と同じにはならないからです。今まで生きてきたベースが違いますし、もちろん性格も異なっています。ということは同じ知識を得たとしても、その人のやり方と全く同じにはならないのです。

例えば、営業職の人が営業ノウハウやトークを丸パクリしたとします。声も話すスピードも違いますし、何より個性が違います。仮に完全にコピーできたとしても、当人と同じ結果が出るわけではありません。何も心配せずに堂々とマネしていいのです。

転職先では結果を出している人をいち早く見つけ、大胆にパクってください。

それが最短で結果を出す方法です。

92

イラッとしたり無茶ぶりされたら「今試されている」と思う

転職先でわからないことがあり、近くの仲間に質問したとします。その質問に対して、「今忙しいのであとにしてもらえますか」と冷たい対応をされれば、カチンときます。

しかし、そこで態度に出すのは得策ではありません。

そんなときは**深呼吸をして「今、試されているんだな」と思う**ようにしてください。

そう考えた途端、**客観的に自分を見られるようなり、「この程度でいちいちムカついていてもしょうがない」と思える**ようになります。

どんなにいい環境でいい仕事をしていても、「イラッとする」ことは必ず起こります。

その都度、イライラしていたのでは心が疲れてしまいます。まともに受け取るのではなく、「これはテストだ」と思うことでスッと冷静になるものです。

また職場によっては無茶ぶりをされることもあります。

そのときは「そんなことできるわけがない」と拒否するのではなく、「とにかくやってみよう」と前向きにチャレンジしてほしいのです。

私の尊敬している方は、私に対して「これから菊原さんが話をするから聞くように」と無茶ぶりをしてきます。全く知らない集まりですし、前もって話を聞いていたわけでもありません。私はアドリブで話ができませんし、十分に準備をしないと話せないタイプです。

それを知っていてわざと無茶ぶりをしてくるのです。辱《はずかし》めにあったり、キツい経験をしたりするのですが、「なんだかんだ成長したな」と思えることが多いのです。

きっと「ポテンシャルを引き出してやろう」と考えてやってくれているのだと思います。

あなたの上司が「この資料、明日までにやっておいて」と無茶を言ってきたとします。

普通に考えれば、「なんて嫌な上司なんだ」と思います。

しかし、**「成長させるためにわざわざ鬼になっているんだな。感謝しないと」と思うようにしてください**。これだけで気持ちは全く違ってきます。

イラッとくることを言われたり、無茶ぶりをされたりしたら「私は試されているんだ」と思うようにしてください。

考え方ひとつでイライラがおさまり、逆に感謝できるようになります。

93

新しい環境に溶け込むために必要なのは〝共感力〟

話をしていて「この人とは気が合うなぁ」と感じるときがあると思います。

そういう人はどんなタイプでしょうか?

年齢が近い、共通の趣味がある、地元が一緒、考え方が近い……など、いろいろな要素があると思いますが、それを一言で言うなら〝共感する力〟に集約できます。

共感力がある人は話をするたびに味方を増やし、共感力がない人は話をするたびに敵を作っていくのです。

例えば、共感力がある人の場合、私がゴルフで「前半絶好調だったのにお昼を食べたらガタガタになった」という話をしたとします。すると、相手も「私もこの前のコンペでそうでした。よく気持ちがわかります」という話をしてくれるのです。

このようなやり取りをした場合、この人を仲間だと感じます。

一方、共感力がない人は「へぇ、そうなんですね」といった薄い反応になったり、「そういった経験はありません」と否定してきたりします。このような人とは、また話をしたいと思わなくなります。

たとえゴルフをやっていなくても「あぁ、わかります。私がやっているスポーツでも同じですよ」と共感することはできます。**全く同じような経験をしたことがなくても、自分の経験とすり合わせてくれる人は距離が近いと感じます。**その結果、良好なコミュニケーションが取れるようになるのです。

新しい環境では今までの会社とは文化が異なっていたり、価値観が違っていたりするものです。業種が変わればガラッと世界が変わりますし、同じ業界だとしても会社が変わるだけでルールが変わったりします。

そんなときは「私がやってきた仕事と違うし、人種が違うな」と拒否しないようにしてください。**共通点を探して「この部分は私がやってきたことと共通です」と伝える**のです。

人との距離を縮めるにはやはり共感力です。

「必ず共通点がある」といった目でまわりを見てみましょう。

共感力でいち早く職場に溶け込んでください。

94 言いにくいことはGoogleに言わせよ

営業トークのひとつに〝言いにくいことはほかのお客様に言わせる〟といった手法があります。

例えば、お客様にローンの残債をたずねるとき「今、どのくらいローンが残っていますか？」とストレートには聞きにくいものです。お客様によっては「いきなりデリケートな質問をするなんて、失礼な人だな」と怒る場合もあります。

そんなときは「ローンの残債が気になると言っているお客様が多いのですが、いかがでしょうか？」と質問します。すると、お客様もすんなりと答えてくれるのです。

このトークの応用編に、**「Googleで調べたところ〇〇だったのですが、いかがでしょうか？」**といったものがあります。この言い方も嫌味なく聞ける効果的な手法です。

「〇〇さんがこう言っていましたが」と言うと、「自分の話もほかの人にされるのでは？」と不安に感じる人も出てくる可能性があります。

しかし、Googleなら「そういったデータがあるんだな」とすんなり受け入れられるのです。Googleを言い訳にすれば、〝ひとつのデータとして〟客観的に言えますし、聞きにくいことも遠慮なく質問できます。

また、この〝Googleに言わせるトーク〟は社内の人間関係を良好に保ちながら、間違いを指摘できたりします。

例えば、目の前の相手が「明らかにおかしい」という勘違いをしていたとします。まだ信頼関係が構築できていない段階で、「○○さん、それ間違っていますよ」とあからさまに指摘したらどうでしょうか？

間違いなく関係が悪くなります。場合によっては「あなたのほうが間違っている」と反論されることもあります。しかし、「今、Googleで調べたらこんな情報がありました」と言ってスマートフォンを見せるのです。すると、言われた相手も「あぁ、勘違いしていました」などと素直に認めやすくなります。

間違いを指摘するときはGoogleにかわりに言ってもらう。

人間関係を良好に保つために、ぜひお使いください。

95

〝誰を師匠にするか〟であなたの将来が決まる

トップ営業スタッフは大きく分けると、二種類に分類されます。

ひとつは長期的に売れ続ける人で、5年、10年と〝トップを走り続けるタイプ〟です。

もうひとつは短期的にトップでいる人で、いわゆる〝一発屋タイプ〟です。

同じトップ営業スタッフでも、売れ続ける人と一発屋で終わる人では営業のやり方や、考え方は異なっています。

異なっているというより、〝全くの逆〟と言ったほうが近いと思います。

例えば考え方です。

一発屋タイプは自分の成績を最優先します。たとえお客様に利益がなかったとしても、「何とかクロージングしてものにするぞ」と考えるのです。

一方、売れ続ける人はそういった利己的な考え方は決してしません。お客様の利益にならないと判断すれば、お客様が「付き合いでひとつ買いますよ」と言っても、「これはお売りできません」ときっぱりと断るのです。

これができるかどうかが、〝売れ続ける営業スタッフになるか一発屋で終わるか〟の分かれ道になります。人それぞれ考えは違います。どちらのタイプを目指してもいいのです。

転職先では、いろいろなタイプがいます。あなたが営業スタッフだとして、売れ続けるタイプになりたいのなら、〝売れ続ける営業スタッフを師匠にする〟ことが大切です。

あなたがプログラマーだとして、結果を出し続ける人になりたいのなら〝10年間トップに君臨している人〟を師匠にすればいいのです。

新しい職場で〝誰を師匠にするか〟ということは非常に重要です。

このような話をすると「上司や働く場所を選べないから無理だ」と言う方がいます。師匠となる人がほかの場所にいるのなら、その方と何かにつけて時間を共有してください。

会議があればその方の隣に座り、その方の職場の近くに行くのであれば「ランチを一緒にいかがでしょうか？」と声をかけます。

尊敬されて嫌な顔をする人はいません。

積極的にアプローチしてもいいですし、そのほうが喜ばれます。

96
トップ3はうまく行った方法を話したがっている

結果を出している人はそれぞれ〝必殺ワザ〟や〝マル秘ノウハウ〟を持っています。その内容は門外不出であり、めったに他人に見せたり教えたりしないものといったイメージを持っていないでしょうか？

しかし、実際は〝うまくいった方法〟を人に教えたがっているものなのです。

ただし、注意点があります。それは〝中間よりちょっと上の人〟は教えてくれない傾向にあります。イメージで言うと１００人中、30位くらいの人はノウハウを隠しがちです。

しかし、**トップ1〜3位くらいの方たちは惜しげもなく披露してくれる**ものです。

これは私自身にも経験があります。

私は長年ダメ営業スタッフとして苦悩してきました。その中で営業レターという手紙でお客様をフォローする方法を発見し、この方法によりその後4年連続トップ営業スタッフになることができました。営業レターのコツをつかみ、ノウハウ化しつつあった頃、「せっかくだからこの方法を誰かに教えたい」という気持ちが芽生えてきたのです。

だからといって、全く興味を持っていない後輩を捕まえて、「営業レターを送ると結果が出るからやってみろ」などと、無理やり教えることはできません。漠然と「誰か質問してこないかな」と思っていたのです。

そんなときに、私に質問してきた後輩が2人ほど現れます。私はこの後輩に対して丁寧に営業レターについてレクチャーしました。そしてこの2人も結果を出したのです。私自身も教えることでノウハウに磨きがかかり、より結果が出るようになりました。

これが私のコンサルの原点です。

結果を出している人は、〝人に話すことでノウハウにより磨きがかかる〟ということを体感的に知っています。だからといって、自分から教えてくれることはありません。**あなたからの質問を待っているのです。**

転職したら、まずは会社のトップ3の人たちを調べてください。できればトップの人がベストですが、人柄のいいナンバー2でもナンバー3でも構いません。その方たちに声をかけて、結果を出す秘訣を聞いてください。これが最短で結果を出す方法です。

97

人間関係は〝鏡の法則〟で成り立っている

相手は自分を映す鏡です。こちらから「この人はいい人だ」と思って接すれば、相手もいい気分で接してくれます。

しかし、「この人は苦手なタイプだ」と思って接すれば、相手も攻撃的になります。

これは営業をしている中で嫌というほど体験してきました。

私がダメ営業スタッフ時代のときのことです。接客の技術もダメでしたが、それ以上に悪かったのがお客様に対する考え方です。私は接客する前からお客様に対して、「冷やかしばかりで、どうせろくな客が来ないだろう」と思う癖がありました。案の定、接客すれば「まだ先の話なので説明は結構です」と軽くあしらわれます。悔し紛れに、仲間に対して「最近は客の質が悪くなった」と愚痴っていました。

しかし、同じ条件で次々と結果を出す営業スタッフもいます。そんな姿を見ては「アイツばかりうまく行きやがって」とその強運を羨《うらや》ましがっていたのです。これは運でもなんでもありません。その営業スタッフが「今日はいいお客様と会えるぞ」という前向きな心構えで、キッチリ接客した結果なのです。

その後、私はトップ営業スタッフになりました。接客に向かう際、「今日はいいお客様と出会える気がする」と思うようにしました。すると、いいお客様と出会う確率が格段に上がったのです。心がまえひとつでこんなにも変わるのです。

これは転職先でも言えることです。はじめから「どうせよそ者には冷たく当たってくるんだろう」とマイナスの色眼鏡で社員の方たちを見たとします。こうなると周りの人たちのちょっとした言動で傷つきます。「40歳を過ぎているのですね」といった一言に「こんな年になっても、これができないと嫌味を言っているんだな」と悪くとらえてしまいます。

まずは職場の人たちに対して、マイナスイメージを持たないようにしてください。**心で思っていることは相手にも伝わってしまうのです。「きっといい仲間になれる」と思って接すれば、必ず心を開いてくれます。**

コミュニケーションスキルも大切ですが、それ以上にメンタル面が大きく影響するということを忘れないでほしいのです。

98

結果を出そうと〝もがいているとき〟に一番力がつく

そんなに力を入れていないのにもかかわらず、どんどん結果が出る、というときがあると思います。いわゆるゾーンという状態です。こんなときは「今がずっと続けばいいのに」と思うものです。

逆に〝どんなに努力しても結果が出ない〟といった停滞する時期もあります。これが長引くと辛くなります。とくに中途採用者は即戦力として期待されているため、結果が出ないと焦りが出ます。しかし、焦れば焦るほど、頑張れば頑張るほど空回りします。そして、「即戦力として期待されて入ったのに申し訳ない」と落ち込むのです。

こんな時期は考え方を切り替えてください。**結果が出ないことをネガティブにとらえるのではなく、「今が一番、力がついている」とポジティブに思うようにするのです。**

これは仕事でもスポーツでも勉強でも言えます。

試行錯誤をくり返しているときは結果には現れませんが、水面下でじわじわと力がついているときです。これを続けていれば、ある時期になったら〝一気に目が出る〟もしくは〝一段階上がる〟といったこともよくあるのです。

海外に転勤になった知人が「あるとき、気がついたら英語がクリアに聞こえるようになった」という話をしていたことがあります。

最初は何を聞いてもサッパリ耳に入りません。途方にくれていたと言います。それでもコツコツと勉強を続け、コミュニケーションを取っていたら突然何を言っているか聞こえるようになったと言うのです。

私は趣味でゴルフをやっています。ある時期、どうやってもスコアが伸びず、「これはセンスがないのかな」と思っていました。

しかし、自分なりの努力を続けていたところ、突然スコアがよくなったのです。

結果を出そうと、〝もがき苦しんでいるとき〟に一番力がついている、と考えると心が軽くなります。

今の努力は必ず報われるのです。

99 「この先やっていけない」と思ったら書き出して整理する

転職して慣れない仕事をしていれば、「不安だな」といった気持ちになることがあるかもしれません。

どんなに「気合いを入れて頑張るぞ」といった前向きなことを言ったとしても、気づけば「○○になったらどうしよう……」などと考えてしまいます。まだその問題は起こっておらず、これからも起こる確率が低いことかもしれません。

しかし、頭ではわかっていても不安になってしまうのです。

マイナス思考になり、「これじゃいけない」とプラスに考える。そして気がつけば、またマイナスに……。こういったマイナス思考のループは嫌なものです。野放しにしておくと癖になってしまい、仕事のモチベーションを下げる原因にもなります。

このような悪いループから抜け出す方法があります。

それは**〝不安を白日の下にさらす〟というやり方**です。

子どもの頃、怖い話を聞いて「押入れにお化けがいるのでは」と怖くなった経験があるかもしれません。そんなときは、思い切って押入れを開けてしまうのです。

何もないことがわかれば怖くなくなり、安心して眠れます。

「不安の正体を白日の下にさらす」。そうすれば、大半の不安が解消されるものです。

まずは紙かノートと筆記用具を用意してください。そこへ今思いつく限りの「こうなったらどうしよう……」と不安に思うことを書いてください。

この作業をしただけでも不安がかなり軽減されます。

もし可能ならば、１つひとつ解決策を挙げていってください。

「このように対応する」といった具体的な解決方法が一番ですが、思いつかなければ「この場合は腹をくくる」といった内容でも構いません。

私も時々行いますが、**リストアップしている時点で気持ちが晴れていく**ことを感じます。

この書き出す作業や解決策を挙げることで、気分よく仕事ができるようになるのです。

不安に襲われた際、ぜひやってみてください。

100 4つの時間のマトリックスで結果を出しながらモチベーションを上げる

結果を出しながらモチベーションを上げるための〝4つの時間のマトリックス〟をご紹介します。4つの時間のマトリックスとは、時間の使い方を4つに分けて時間配分することです。

やり方は簡単です。B5サイズの大学ノートを4分割にし、「重要度」と「緊急度」の高低で分けます。

- 第1領域（ノートの右上）：緊急かつ重要
- 第2領域（ノートの右下）：緊急ではないが重要
- 第3領域（ノートの左上）：緊急だが重要ではない
- 第4領域（ノートの左下）：緊急でも重要でもない

第1領域は、絶対にやらなくてはいけない仕事などを書きます。例えばアポイント、クレーム処理、上司からの呼び出しなどです。

第2領域は、やらなくてはと思いつつなかなかできない行為を書きます。将来のための勉強、職場の人間関係作りといったことです。

第3領域は、折り返しの電話やメールの返信、SNSなど相手からくる用事を書きます。

第4領域は、1〜3の領域外の緊急でも重要でもないことを書きます。

結果を出している人たちは第2領域が多いというデータがあります。**第2領域が一般の人たちは2割程度のところ、結果を出している人たちは6〜8割も占めていたのです。**

まずは「今、私はどの領域の配分が多いだろうか？」とチェックしてみてください。現時点の配分が正しくないのなら、徐々に変えていけばいいのです。

私が今回、とくにおすすめしたいのは「第4領域」の使い方です。第4領域は緊急でも重要でもないことを書くスペースですが、私は**〝よかった出来事〟を書くようにしています**。これが仕事へのモチベーションを上げます。私はいいことが起こると、飽きるまで10回も20回もこのスペースに書き続けています。

4つの時間のマトリックスを使い、結果を出しながらモチベーションを上げてください。

おわりに

「こんなはずじゃなかった」
「自分はもっとできるのではないか」
「もっと刺激がほしい……」

私はダメ営業スタッフ時代、自分の不甲斐なさにイライラし、ストレスまみれの毎日を送っていました。努力もせず、そこから抜け出そうともしていませんでした。

今、そのように思うことはほぼなくなっています。変わりたかったら自分で変わればいい、刺激がほしかったら自分で刺激を作ればいいのです。やりがいは人から与えられるものではなく、自分で作るものです。

あなたは人生を大きく変えたい場合、何をしますか？

答えはいろいろありますが、人生に最も大きなインパクトをもたらすのは、やはり〝転職〟です。転職をすれば心機一転、リセットして新しい自分になれます。

- **仕事内容が変わる**
- **付き合う人が変わる**
- **新しい行動パターンが増える**
- **今までの自分のキャラクターが変わる**

など、新しい自分がスタートできるのです。

あなたは、もしかしたら何らかの理由で転職せざるを得なくなったのかもしれません。しかし、自分を変えるチャンスだとポジティブに考えてください。自分を大きく変えるチャンスは、人生で何度も訪れません。「また新たなスタートが切れるぞ」とワクワクしながら転職活動に臨んでほしいのです。

今まで「デキる人の演技をしろ」「面接官は素人だ」「『なんだかやりそうだ』という空気を出せ」という話をしてきました。最初は「胡散臭《うさん》いな」と思いながら読み進めたかもしれません。しかし、そんなあなたもここまで読んでいるということは、私が主張する「デキる人の演技をする効果」を十分にご理解いただいたと思います。

弱者には弱者の戦略があります。強者以外の方は〝結果を出す人、デキる人〟をインストールし、演じるといった戦略が最も効率よく結果が出せる方法だと確信しています。私自身もこの方法で何度も成長してきました。だからといって過去のダメな自分とキレイサッパリお別れする、ということは至難の業です。

心を入れ替え、勤勉で実直でモチベーションが常に高い成功者に生まれ変わる、なんてことが簡単にできたら苦労しません。あなたを変えるのではなく、今までの戦略・やり方を変えればいいだけの話です。この本でご紹介したノウハウを参考にし、転職活動を勝ち抜いてください。

最後に私からもうひとつ提案があります。デキる人を演じ、転職に成功した暁には、あなたにはぜひその先を目指してほしいのです。その先とは、新しい会社に入社してからも〝理想の自分〟をバージョンアップさせるということです。新しい会社に入れば、「この人のようになりたいな」という理想のモデルと出会います。そうした人たちを常にモデリングしてください。そして常に成功の新モデルを研究し、アップデートしていくのです。これを続けている限り、あなたは失敗しようとしても、失敗できなくなります。間違いなく会社で必要とされる人材になるのです。

もしかしたらあなたは、今まで自分の実力を思うように発揮できず、悔しい思いをしてきたかもしれません。また今までやってきた仕事に希望を失い、「私はこんなものだろう……」とモチベーションが下がっていた人もいるでしょう。

しかし、今日からは違います。新しい自分でリスタートできるのです。この転職活動をひとつの契機としてあなたの本当の力を発揮し、活躍することを心から願っています。

最後の最後に、皆様、最後までお付き合いいただきありがとうございました。また、いつも私の本を買ってくださる方、毎日ブログを読んでくださる方、研修などご依頼いただく企業様に心より感謝いたします。

そして、いつも私を支えてくれる家族に感謝して締めの言葉とさせていただきます。

いつもありがとう。

菊原智明

菊原智明（きくはら・ともあき）

営業サポート・コンサルティング株式会社代表取締役
関東学園大学経済学部講師／一般社団法人営業人材教育協会理事
群馬県高崎市生まれ。群馬大学工学部機械科卒業後トヨタホームに入社、営業の世界に入る。7年間、苦しい営業時代を過ごすが、お客様へのアプローチを訪問から営業レターに変えたことをきっかけに4年連続トップ営業となる。約600名の営業トップとなり、社のMVPを獲得。2006年に独立、営業サポート・コンサルティング株式会社を設立。現在は、経営者や営業向けのセミナー、研修、コンサルティング業務を行っている。2010年より関東学園大学講師も務めている。主な著書に、『「稼げる営業マン」と「ダメ営業マン」の習慣』（明日香出版社）、『トップセールスが使いこなす！“基本にして最高の営業術”総まとめ 営業1年目の教科書』（大和書房）、『思考・行動・結果が劇的に変わる　営業力の基本』（総合法令出版）など。2021年までに約70冊を出版。ベストセラー、海外での翻訳も多数ある。

自分の価値を最大化する
転職の成功法則

2021年8月24日　初版発行

著　者　菊原智明
発行者　野村直克
発行所　総合法令出版株式会社
〒103-0001　東京都中央区日本橋小伝馬町15-18
EDGE小伝馬町ビル9階
電話　03-5623-5121
印刷・製本　中央精版印刷株式会社

落丁・乱丁本はお取替えいたします。

ISBN 978-4-86280-812-7
総合法令出版ホームページ　http://www.horei.com/